소녀 취향 성장기

소녀 취향 성장기

나를 성장시킨
여자들의
이야기

이주라 지음

산지니

들어가며

어느 순간 갑자기 나의 취향을 말하지 않는 것이 좋겠다는 생각을 한 적이 있다. 문학을 전공하기 시작한 후 문학과 관련된 진지한 대화를 나눌수록 내 취향이 예술적으로 그다지 수준 높은 취향이 아니라는 느낌을 받았다. 내가 성장기에 좋아했던 작품들은 소위 소녀 취향이라 불렸다. 인생에 대한 진지한 고민 없이 아름다운 사랑 하나면 모든 시련을 극복하고 핑크빛 세상을 맞이할 수 있을 거라고 믿는 해맑은 소녀들의 낭만적 판타지라고 여겨졌다. 물론 누군가 내 앞에서 직접적으로 '소녀 취향은 유치해'라고 말하지는 않았다. 대화의 맥락 속에서 내가 과민하게 해석한 부분도 많을 것이다. 그래도 눈치라는 것이 생겼다. 문학적 대화와 토론의 장에서 소녀 취향 작품들에 대해 가치 평가를 하지 않는 순간들을 접하게 된 것이다. 그러면서 내가 좋아하는 작품들에 대한 문학·예술계의 평가가 어떠한지 어렴풋이 짐작하게 되었다.

그래도 내가 어떻게 문학을 좋아하게 되었는지 기억을 되짚어 보면, 역시나 나는 나의 소녀 취향으로 돌아간다. 내 인생 최고의 성장기라고 할 수 있는 중학교 시절에 나는 학교를 마치고 집으로 돌아와 소파에서 뒹굴며 책을 읽었다. 거실 장식용이라고 여겼던 세계문학전집을 읽으면 새로운 세계가 펼쳐졌다. 내가 좋아했던 세계는 영국의 귀족사회, 내가 좋아했던 이야기는 사랑 이야기였다. 제인 오스틴, 에밀리 브론테, 샬럿 브론테의 작품만이 강렬하게 기억에 남았다. 아니면 아동문학전집에 있는 알프스 소녀 하이디, 빨간 머리 앤, 작은 아씨들, 소공녀 세라의 이야기를 읽었다. 그러면서 언젠가 닥칠 수도 있는 집안의 몰락, 가난, 부모의 사라짐과 같은 시련에 대비했다. 그리고 5시 30분이 넘어가기 시작하면 텔레비전을 봤다. 한국 드라마 안에는 가족 이야기든 전문 직종 이야기든 역사 이야기든 어디에나 사랑 이야기가 깔려 있었다. 그래서 나는 드라마에 더 몰입했다. 이렇게 내 안에서 이야기의 세계가 자라났고, 세상에 대한 호기심이 생겼으며, 문학에 대한 관심이 커져갔다. 아, 그리고 그때 집에서 종일 뒹굴면서 키도 컸다. 몸도 마음도 머리도 성장하였다.

소녀 취향은 나를 문학적으로 성장시켰다. 이제는 이것을 받아들이려 한다. 내가 좋아했던 사랑 이야기는 그저 사랑 이야기가 아니었다. 인간의 감정을, 사람 사이의 관계를, 그 관계가 부딪히는 사회와 관습을 읽어내게 하였다. 더 나아가 사랑 이야기는 부와 가난의 대립을, 성소수자의 문제를, 생존 경쟁의 압박 문제를 고민하게 만든다. 사랑 이야기는 연애와 결혼과 같은 사회적 제도와 연결되기 때문에 사적 영역에 머무르지 않고 공적 영역의 문제들과 만난다.

이 책은 소녀 취향으로 세상을 읽어내는 방식을 보여준다. 이를 통해 소녀 취향 혹은 여성 취향의 독서가 가진 가능성을 제시한다. 소녀는 사랑을 통해 세상을 만난다. 로맨스는 사랑으로 현실에서 도피하는 이야기가 아니라 사랑을 통해 현실과 싸워나가는 이야기다. 로맨스 속 여성은 사랑의 관계 속에서 자신의 주체성을 획득하기 위한 여러 가지 방법을 모색한다. 그러면서 남성으로 대표되는 사회 일반 보편 주체의 모습과 다른 여성만의 정체성을 발견한다. 그리고 여성을 둘러싼 사회적 제약에 대해 문제를 제기한다. 이러한 실천은 사회적 약자와 비주류 그리고 사회 주변부에 대한 공감과 이해를 도모하게 한다. 소녀 취향은 사적 영역에서 공적 영역으로, 개인적 경험에서 사회적 투쟁으로 확장된다. 이렇게 소녀는 여성이 된다.

책의 구성은 대체로 성장의 과정을 따랐다. 특히 1부는 여성의 성장 연대기를 따라간다. 소녀 시절 사랑과 진로의 고민에서 시작해서, 여성으로 자기 정체성을 발견하고 이를 서사로 발화하는 순간을 포착했다. 그리고 결혼 후 가정의 주부로 축소되는 자신의 역할에서 벗어나 사회적 위치를 마련해나가는 여성들의 모습에 주목했다. 모든 개인의 성장이 그러하듯이 여성의 성장 또한 혼란스러운 자신의 욕망을 마주하고 사회의 억압에 맞서가는 과정이었다. 2부는 여성 취향의 서사라 불리는 로맨스에 대한 비평을 모았다. 로맨스는 현시대 여성들이 일상에서 경험하는 사회적 문제들을 예민하게 포착하였다. 그리고 더 나아가 우리 시대 사랑이 내포한 한계를 이슈화하고 이를 극복할 수 있는 새로운 대안을 제시하였다. 지금의 로맨스는 사랑이 단순한 치유와 힐링의 수단이 아님을 명확하게 한다. 사람들은 사랑을 통해 자신의 힘든 삶을 위로받고 싶다는 소망을 가지지만, 대중문화 속 사랑은 그러한 치유와 힐링을 넘어서는 사랑, 즉 진짜 서로 함께할 수 있는 삶의 방식이 무엇인지 고민하고 있었다. 3부는 여성의 시각이 사회로 확장되는 순간을 보여준다. 여성의 정체성 고민은 사회적 약자, 소수자, 주변부에 대한 고민과 만난다. 생존 경쟁 사회에서 실패자로 낙인찍힌 가난한 사람들의 생존법, 서울 중심의 사회 구조 속에서 소멸해가는 지역의 문제를 읽어냈다. 그리고 상실의 시대에 슬픈 감정을 박탈당한 채 애도를 표현할 수 없는 상황, 더 나아가 할 수 있다는 긍정과 낙관의 태도만을 강요받는 현실을 비판하였다. 또한 기술의 발전을 자본의 이윤 추구에 종속시키며 인간의 탐욕을 키워나가는 거대한 자본의 문제 등을 살펴봤다.

여기에 실린 글은 2020년에서 2021년까지 『르몽드 디플로마티크』 인터넷판의 한 꼭지인 '르몽드 문화톡톡'에 게재한 것이다. 정확히 2년 동안 매달 대중문화 평론을 한 편씩 쓰는 일이 쉽지는 않았다. 한 달이라는 시간은 생각보다 짧다. 글을 쓰기 전에 머리를 뜯으며 이번 달에는 또 어떤 작품에 대해 써야 하나 늘 고민했다. 처음에는 사회적으로 의미 있는 작품도 선택하고 싶었고, 예술적으로 아름다운 작품, 혹은 사상적으로 심오한 작품을 소개하고도 싶었다. 뭔가 있어 보이고 싶었던 거다. 그러나 결국 내가 머리를 비우고 보았던 로맨스에 대해 쓰게 되었다. 그리고 이 순간이 나를 행복하게 만들었다. 마감을 지키는 것은 어려웠지만, 글을 쓰는 순간은 즐거웠다.

좋아하는 작품에 대해 하고 싶은 말을 마음대로 했기 때문이다. 자신의 취향을 온전히 수용하고 표현하는 이 즐거움이 조금이라도 공유되었으면 하는 바람이다.

감사하게도 산지니 출판사에서 출간을 제안해주어서 단편적으로 흩어져 있던 목소리를 하나로 모을 수 있었다. 대중문화 속에 담긴 여성 서사를 분석한 글을 단행본으로 엮어보자고 용기를 북돋워준 이수현 실장님께 감사드린다. 함께 긴 통화를 하며 책의 구성과 성격 그리고 제목까지 진지하게 고민해준 강나래 팀장님께도 너무 감사하다. 게으른 필자를 묵묵히 기다려준 것은 더욱 감사하다. 그리고 어수선한 글을 차분하고 꼼꼼하게 교정해준 이혜정 편집자님 덕분에 이 책은 완성될 수 있었다. 비록 만나지는 못했지만 교정지를 통해 애정 어린 제안을 들으며 깊은 대화를 나눈 느낌이다. 내 개인에 한정된 시야를 넓힐 수 있었다.

무엇보다도 이 글을 시작할 수 있게 기회를 준『르몽드 디플로마티크』의 성일권 대표님과 '르몽드 문화톡톡'의 기획자이자 편집자인 서곡숙 선생님께도 고마움을 전하고 싶다. 덕분에 아무런 제약 없이 자유로운 글쓰기 판에서 편하게 글을 쓸 수 있었다. 그리고 대중문화 연구와 비평을 시작할 수 있게 해준 이영미, 박유희 선생님께는 늘 감사하다. 두 분과 함께 공부하면서 그동안 숨겨 놨던 취향을 의미 있게 받아들일 수 있게 되었고, 대중문화를 보는 시야가 조금이나마 깊어졌다. 대중서사장르세미나 팀, 로맨스세미나 팀, 명랑세미나 팀, 문학사세미나 팀 선생님들 모두에게도 이 자리를 빌려 고맙다고 말하고 싶다. 선생님들과 함께 공부하면서 좋은 작품들을 많이 만날 수 있었고, 비평의 시선을 예리하게 다듬을 수 있었다.

마지막으로 나와 일상을 공유하는 소중한 친구와 가족들을 떠올린다. 그들이 내 옆을 묵묵하게 지켜주어서 마음이 나약한 내가 흔들려도 한 발짝씩 걸어갈 수 있었다. 매일의 수다와 식사를 함께 나눠줘서 고맙다. 특히 이 책은 우리 가족들이 즐겁게 읽었으면 좋겠다. 부모님, 언니와 형부, 그리고 강민, 가빈, 규빈과 저녁 식탁에 모여 각자 재밌게 보는 웹툰과 드라마를 공유하며 웃었던 순간이 있어서 이 글을 쓸 수 있었다. 이 책이 그 수다보다는 재미가 없겠지만, 그래도 우리가 나눈 저녁 시간의 결실이라고 생각하였으면 좋겠다.

차례

3부 ✧ 함께하는 세계

1부

여자는 저항하며
성장한다

빨간 머리 소녀의 성장

▶

루시 모드 몽고메리의 〈그린게이블즈의 앤〉과 생명력

그레타 거윅 감독의 〈작은 아씨들〉(2019)이 92회 아카데미 시상식 작품상 후보에 오르고, 2020년 2월 한국에서 개봉한 덕분일까. 그 후로 한국의 대형 서점은 '우리가 사랑한 소녀들'이라는 콘셉트로 대대로 한국의 소녀들이 읽어왔던 작품들을 총망라하여 전시, 광고했다. 이상한 나라의 앨리스, 알프스 소녀 하이디, 작은 아씨들의 네 자매, 빨간 머리 앤이 다시 우리 곁으로 돌아왔다. 특히나 빨간 머리 앤은 2017년부터 방영한 넷플릭스 드라마가 2020년 시즌3(CBC 방송은 2019년)을 마지막으로 종영하면서 많은 시청자에게 퀸즈 전문학교와 레드먼드 대학 이후 앤의 삶이 어떻게 전개될지에 대한 아쉬움을 남겼다.

이 아쉬움이 문제였다. 사실 앤이 어떻게 살지는 대충 알고 있었다. 2008년, 『빨간 머리 앤』의 출판 100주년을 맞아, 한국 출판계에서도 앤 열풍이 불었다. 그때도 이미 우리는 어린 시절 읽었던, 그리고 TV 애니메이션으로 보았던 앤 이야기가 겨우 전체 이야기의 1권에 지나지 않는다는 것을 알았다. 앤과 함께 성장했던 사람들은 앤 시리즈 전권을 제대로 구매하여 읽기 시작하거나, 적어도 앤이 대학에 가고 길버트의 마음을 받아들이는 3권 『레드먼드의 앤(Anne Of The Island)』까지는 읽었다. 그리고 소문이 돌았다. 매슈가 죽고, 앤과 길버트는 각각 학교에 취직했다가 같은 해에 레드먼드 대학에 가지만, 서로 다른 구혼자와 데이트를 하다가 마지막에 가서야 서로에 대한 진정한 마음을 깨닫는다고. 더 많이 읽은 사람들은 이런 말도 했다. "앤과 길버트는 결국 결혼하지만 그들 사이에 난 첫째 아이가 죽어……."

그렇다. 루시 모드 몽고메리는 1942년 타계할 때까지 앤의 이야기를 썼다. 1908년 『그린게이블즈의 앤』이 출간되어 대성공을 거둔 이후 앤의 일대기를 후속편으로 계속 썼다. 몇몇 단편, 에밀리라는 인물을 여주인공으로 한 이야기, 앤의 딸을 주인공으로 한 이야기 등을 빼면 말이다. 그렇게 앤과 관련된 소설 전편은 한국에서도 꽤 빨리 완역, 출간되었다. 1963년 창조사에서 초판을 찍은 이후, 1984년에는 개정판을 찍었다. 이후 동서문화사에서도 1981년에 완역본을 12권으로 출간하였으며, 2002년에 개정판을 발간하였다. 2017년에는 알에이치코리아에서 전자책으로 완역본을 출간했다.

마음만 먹으면 우리는 루시 모드 몽고메리의 원작을 통해 우리가 소녀 시절 알던 앤이 그 이후 어떻게 성장하고 늙어가는지를 모두 알 수 있다. 그럼에도 앤의 리메이크작이 나오면 무엇에 홀린 듯 다시 보고, 리메이크작이 앤의 전 서사를 다루지 않으면 다시 원작 소설 전체를 읽는, 이 매력적인 악순환이 반복되고 있는 것이다. 아마도 이것이 고전이 가진 매력일 것이다. 독자에게도, 출판 시장에도. 하지만 앤의 리메이크작이 원작과 늘 똑같이 진행되었다면, 아마도 이 매력적인 악순환은 반복되지 않았을 것이다. 고전 리메이크의 매력은 원작을 시대에 맞게 적절히 각색하는 데에 있다. 그간 텔레비전 드라마로 방영되었던 앤의 리메이크작 또한 이런 매력을 가지고 있다.

케빈 설리반의 〈그린게이블즈의 앤〉 시리즈

앤을 주인공으로 한 영화나 텔레비전 시리즈는 물론 많겠지만, 현재 한국에서 쉽게 접근할 수 있는 작품은 2개다. 하나는 1985년부터 2008년까지 만들어져서 캐나다 공영 방송사 CBC에서 방영한 〈그린게이블즈의 앤(Anne Of Green Gables)〉 시리즈다. 다른 하나 또한 CBC에서 만든 〈빨간 머리 앤(Anne With An E)〉인데, 2017년에 시즌1을 시작하여 2019년에 시즌3을 마지막으로 종영하였고, 넷플릭스를 통해 전 세계에 배급되었다. 두 작품 모두 루시 모드 몽고메리의 원작을 바탕으로 하지만, 원작에 대한 창조적인 해석을 명확하게 드러낸다.

〈그린게이블즈의 앤〉은 1985년에 시즌1이, 1987년에 시즌2(〈Anne Of Green Gables: The Sequel〉)가 방영되었다. 시즌1은

원작 1권인 『그린게이블즈의 앤』과 2권인 『에이번리의 앤』을
그대로 압축해 놓았다. 그러나 시즌2로 가면서 앤의 서사는
원작과는 다른 독자적인 길을 가기 시작한다. 시즌2는 원작 3
권인 『레드먼드의 앤』에서 앤이 레드먼드 대학을 다니면서 겪
는 변화들이 재배치되어 있다. 다이애나가 프레드 라이트와
결혼을 하고, 제인이 백만장자와 약혼을 하자 앤 또한 마음이
혼란스러워진다. 앤이 쓴 소설이 다이애나의 열성으로 베이킹
파우더 회사 공모전에 당선되자 더 나은 문학잡지로 데뷔하
고 싶었던 앤은 속상하다. 그때 스테이시 선생님이 자신이 있
는 킹스포드 여학교의 문학 교사로 앤을 추천하고, 앤은 새로
운 삶을 찾기 위해 킹스포드로 떠난다. 시즌2의 주요 갈등 중
하나는 프링글 집안의 지배를 받고 있는 킹스포드 여학교에서
앤이 교사로서 살아남아 성공하는 이야기이며, 다른 하나는
앤이 킹스포드 여학교에서 애제자의 아버지와 서로 호감을 쌓
아가다가 결국 길버트에 대한 사랑을 깨닫는 이야기다. 이 두
이야기 모두 원작 소설에서 앤이 새로운 학교에 적응하는 이
야기와 레드먼드 대학에서 자신의 이상형이라 믿었던 남자와
연애를 하다 길버트에 대한 사랑을 깨닫는다는 골조만 가져
왔을 뿐, 관련 인물과 디테일은 모두 원작과 다르다.

시즌3으로 가면 각색의 폭은 더욱 넓어진다. 시즌3(〈Anne
Of Green Gables: The Continuing Story〉)은 2000년에 제작, 방영
되었다. 시즌3에서 앤의 무대는 뉴욕으로 옮겨간다. 길버트와
약혼한 앤은 뉴욕 의과대학에서 공부하는 길버트를 따라 뉴

욕으로 건너가서 출판사에 취직한다. 거기에서 추리소설 베스트셀러 작가 잭을 만나 공동 출판의 꿈을 키우지만 경제 논리에 따라 움직이는 출판 시장의 야욕으로 오히려 자신의 작품을 도난당할 뻔한 위기를 겪은 후 길버트와 고향으로 돌아온다. 하지만 이미 캐나다의 평화로운 섬까지 1차 세계대전의 소용돌이에 휩싸여 있다. 길버트는 결국 전쟁에 참가하고, 다이애나의 남편 프레드의 실종 소식이 전해지는 가운데, 앤은 가만히 앉아 길버트를 기다릴 수가 없어, 직접 프랑스 전쟁터로 향한다. 시즌3은 전쟁터에서 위기를 겪어내며 길버트를 찾아다니는 앤의 이야기가 주를 이룬다.

시즌3은 원작 중 앤의 막내딸 이야기를 다룬 『잉글사이드의 릴라』가 배경으로 하고 있는 시기와 유사하다. 여기에서 앤은 아들 셋을 전쟁터로 보내고 노심초사하는 어머니로 그려진다. 케빈 설리반은 이 이야기를 앤이 직접 겪은 이야기로 대담하게 각색하였다. 케빈 설리반의 이런 적극적 각색은 아마도 앤 이야기 시즌3 전에 만들었던 〈에이번리로 가는 길(Road to Avonlea)〉 덕분일 것이다. 이 드라마는 1990년 1월부터 1996년 3월까지 일곱 시즌 동안 방영되었던 작품으로, 앤이 살았던 에이번리 마을을 배경으로 하지만, 앤은 등장하지 않고, 루시 모드 몽고메리의 단편에 산재했던 이야기들을 재배치하여 텔레비전 시리즈로 재창작한 작품이다. 이 작품을 통해 원작의 적극적인 재해석이 가진 가능성을 엿본 케빈 설리반은 〈그린게이블즈의 앤〉 시즌3을 완전히 새로운 작품으로 재창작하였다.

케빈 설리반의 〈그린게이블즈의 앤〉 시리즈는 원작을 해체, 재구성하는 방식을 택했으나, 원작의 캐릭터가 가진 속성을 그대로 옮겨왔다. 특히 앤의 캐릭터가 설명되는 시즌1은 원작의 모든 대사를 그대로 재현하여, 앤의 캐릭터를 원작과 크게 달라지지 않게 구현하였다. 그러나 2017년에 만들어진 넷플릭스의 〈빨간 머리 앤〉은 앤의 캐릭터에 대한 우리의 고정 관념을 완전히 벗어난다.

넷플릭스의 〈빨간 머리 앤〉 시리즈

우리가 앤을 사랑하는 이유는, 앤이 비현실적인 몽상가에다 수다스럽기까지 하지만, 그럼에도 사랑스럽기 때문이다. 그런데 앤은 왜 사랑스러울까. 이 사랑스러움을 파고드는 순간 모호해진다. 앤을 사랑스럽게 받아들이는 포인트는 독자마다 각각 다를 것이다. 앤이라는 인물을 가장 친절하게 설명하고 있는 원작의 서술을 읽다 보면, 앤이 사랑스러운 이유는 어려운 환경 속에서도 밝고 낙천적으로 자란 데다, 한 번 시킨 일은 정확히 기억할 정도로 똑똑하며, 늘 새로운 실수를 하지만 똑같은 실수는 하지 않으려 자기 자신을 개선시키려고 노력하기 때문이다. 간단히 말해, 앤은 긍정적이고 똑똑한 아이다. 앤의 상상과 수다 또한 이러한 지적 능력의 산물일 것이다. 앤은 모든 주인공 캐릭터가 그러하듯, 사소한 몇 가지 단점을 가려주는 무한한 장점을 가졌다.

　1985년에 만들어진 CBC 드라마 〈그린게이블즈의 앤〉도 이러한 앤의 장점을 그대로 보여준다. 앤은 매슈의 호감을 사고, 마릴라의 호의도 이끌어낸 후, 레이첼 아줌마와 학교 친구들에게도 호의적으로 받아들여진다. 원작에서도 마찬가지다. 자신의 머리를 빨갛다고 비하했던 레이첼 아줌마와의 싸움 이후, 앤의 머리를 홍당무라고 놀린 길버트를 제외하고 나면, 아무도 앤과 마찰을 일으키지 않는다. 앤은 친구들의 환대를 받고, 학교에서 인기를 얻는다. 다이애나뿐만 아니라 또래 아이들의 호의도 얻는 것이다. 물론 드라마 〈그린게이블즈의 앤〉에서는 조시 파이가 앤을 질투하여 못되게 굴기는 하지만 말이다.

　그런데 넷플릭스 드라마 〈빨간 머리 앤〉은 이런 사랑스런 앤의 캐릭터를 180도 바꿔놓는다. 이 작품에서 앤은 그 누구에게도 쉽게 받아들여지지 않는다. 넷플릭스 드라마는 앤과 주요 인물들의 캐릭터 설정 및 그들의 관계를 결정하는 몇몇 주요 장면을 제외하면 모든 것을 새롭게 각색하였다. 그래서 앤의 기존 팬들에게는 충격을 안겨주기도 하였다. 그중 가장 큰 충격은 아마 앤의 성격 설정이었을 것이다. 넷플릭스 드라마는 우리가 그토록 밝은 아이라고 알고 있던 앤의 가장 우울하고 불안한 부분을 끄집어냈다. 앤은 왜 그토록 수다스러웠을까. 앤은 왜 상상의 세계에 자주 빠지는 걸까. 넷플릭스 드라마는 그 이유를 현실 도피를 위한 정신착란이라고까지 설명한다. 원작에서도 앤이 현실이 힘들어서 상상의 친구를 만들었다는 언급은 있지만, 그것이 병적으로 그려지지는 않는다. 그러나 넷플릭스 드라마 속 앤은 끊임없이 누군가에게 버림받고 학대받아서 자존감을 상실하는 경험까지 한다. 그러한 현실 속에서 살아남기 위해 앤은 현실의 자아가 아닌 상상의 세계 속 자아를 만들고 그 상상 속에서 버텨간다. 그런데 그 상상의 세계가 드라마에서는 정신분열증 환자가 만들어내는 상상의 세계와 비슷하게 그려진다. 그리고 앤 또한 끊임없는 불안 속에서 두려움에 떠는 모습으로 그려진다. 이러한 모습들은 몽상가 앤이 단지 낭만적 상상에 도취된 것이 아니라, 현실의 폭력 속에서 상처로 뒤범벅된 아이라는 사실을 드러낸다.

그래서 앤은 학교에 가서도 다른 여학생들과 쉽게 어울리지 못한다. 앤이 살아왔던 거칠고 무례한 세계는 여학생들의 호기심을 불러일으키지만, 앤이 어른들의 성생활에 대한 이야기를 신나서 조잘거리자마자, 곱게 자란 여학생들은 구역질을 하며 앤을 멀리한다. 넷플릭스 드라마 시즌1은 앤이라는 아동학대의 경험이 있는 아이가 도덕적이고 보수적인 세계에 어떻게 받아들여지는가에 대한 이야기다. 시청자들은 앤의 사회성 키우기의 과정을 보게 되는 것이다. 그 과정은 원작 소설이나 이전의 텔레비전 드라마처럼 즐겁지 않다. 앤은 똑똑하기는 하지만 자신에 대한 불안이 너무 커서, 자신감은 없고 자존심만 높다. 그래서 자신에 대한 공격에 쉽게 흥분하고, 자신이 좋아하는 사람의 관심을 얻기 위해 과잉되게 행동한다. 스테이시 선생님의 관심을 얻기 위한 앤의 유치한 행동을 보다 보면, 우리가 소녀 시절 사랑했던 앤에 대한 환상은 사라지고 혹독한 어린 시절을 보내는 앤에 대한 안쓰러움만 남는다.

그럼에도 우리의 앤은 꿋꿋하게 성장한다. 이 성장 과정에서 주요 키워드는 단연 페미니즘이다. 전 세계적인 페미니즘 리부트 이후 제작된 드라마답게 넷플릭스의 앤 시리즈는 1900년대를 살아간 여러 연령대 여성들의 삶과 현실 그리고 성장의 모습을 반영하고 있다. 평생 독신으로 살아온 마릴라는 자신이 앤을 제대로 교육시킬 수 있을까 하는 불안감에 진보적 여성 교육을 주창하는 어머니 단체에 참석한다. 1920년대 이루어지는 여성 참정권 운동의 분위기를 조금 이전 시기로 끌어와서 그려내는 것이다. 안타까운 점은 그런 진보적 여성 교육 어머니회 또한 기존에 주어진 보수적 틀 안에 머무른다는 것이다. 그들은 여성의 교육은 숙녀가 되기 위한 교육일 뿐이라고 강조한다. 그래서 그들은 오히려 코르셋을 벗고, 바지를 입고, 오토바이를 타고 나타난 스테이시 선생님을 받아들이지 못한다. 그리고 빌리에게 추행을 당하고도 오히려 지탄을 받는 프리시를 위해 앤이 여성의 자기결정권을 주장할 때도 온 마을이 들고 일어나 반대를 한다. 앤은 이러한 부딪힘 속에서 성장한다.

이런 점 때문에 넷플릭스 드라마 〈빨간 머리 앤〉은 큰 인기를 끌지 못했나 보다. 2019년 시즌3을 끝으로 더 이상 후편을 제작하지 않을 것이라는 소식이 전해졌다. 하지만 넷플릭스의

〈빨간 머리 앤〉은 아동 학대 문제 및 페미니즘 리부트라는 사회적 이슈를 명확하게 반영하며 앤을 새롭게 해석해냈다. 분명 호오(好惡)가 갈리는 해석이기는 하지만, 항상 동화적 낭만으로 채색되었던 앤의 캐릭터를 현실적으로 다시 재구성해볼 수 있게 하였다.

무엇보다도 넷플릭스의 〈빨간 머리 앤〉은 소녀들의 성장이 단지 '받아들여짐'이 아니라 '부딪힘'이라는 사실을 명확하게 보여주었다. 지금까지의 앤은 긍정적이고 똑똑해서 호감 가는 소녀였고, 독자들은 자신도 그렇게 누군가에게 쉽게 받아들여지기를 원하면서 앤에 대한 선망을 키웠다. 하지만 넷플릭스의 앤은 말한다. 이 사회에서 성장한다는 것은 누군가에게 수동적으로 받아들여지는 것이 아니라, 내가 적극적으로 부딪치고 싸워나가야 하는 일이라고.

〈겨울 왕국〉을 비롯하여, 그토록 보수적인 디즈니의 모든 애니메이션들도 당찬 여성의 사회적 성장을 다루는 방향으로 나아가고 있다. 아마 앞으로 리메이크되는 소녀들의 고전 또한 우리가 알고 있던 소녀상을 새롭게 바꾸어나갈 것이다.

소녀 문학의 해피엔딩은 결혼?

▶

영화 〈작은 아씨들〉의 고민

루이자 메이 올컷의 소설 『작은 아씨들(Little Women)』은 미국의 영화로, 영국의 드라마로, 일본의 애니메이션으로, 근대 영상 매체의 시작과 더불어 늘 리메이크되었던 작품이다. 그런 만큼 이 작품의 리메이크작은 시대의 요청에 따라 원작을 새롭게 해석하는 양상이 명확하게 드러난다. 2019년 그레타 거윅 감독의 〈작은 아씨들〉 또한 소녀 그리고 여성의 성장에 대한 현재적 관심을 흥미롭게 보여준다.

소설 『작은 아씨들』은 1부 초판이 출간되었던 1868년을 전후하여 미국 사회에서 여성으로 살아갔던 루이자 메이 올컷의 성장기에 대한 자전적인 내용을 반영하고 있다. 작품을 읽어보면 명확하게 드러나듯 작가 올컷은 작품 속 조의 모습으로 형상화되어 있다. 루이자 메이 올컷 또한 네 딸 중 둘째였고, 작가의 자매인 애나, 엘리자베스, 메이는 작품 속 메그, 베스, 에이미로 형상화되었다. 이렇게 실제 작가의 삶과 경험이 거의 그대로 반영된 이 작품은, 그래서인지 전 세계 모든 소녀들의 공감을 불러일으켰다.

특히 조의 경우는 루이자 메이 올컷 이후 탄생할 여성 작가와 감독 그리고 예술가들의 완벽한 동일시 대상이었다. 루시 모드 몽고메리의 『빨간 머리 앤』에는 앤이 염색에 실패하고 머리를 자르게 되자, 소설 속에는 가족을 위해 머리를 잘라 파는 주인공도 있었다며 스스로를 위로하는 장면이 나온다. 이 장면은 『작은 아씨들』에서 조가 아픈 아버지를 간호하러 떠나는 어머니의 차비를 마련하기 위해 머리를 자르는 장면을 의미한다. 제2세대 페미니즘 운동을 이끌었다고도 할 수 있는 프랑스 철학자 시몬 드 보부아르 또한 자서전에서 자신을 『작은 아씨들』의 조와 동일시하며 글쓰기를 하였다고 말한다.

전 세계의 모든 소녀들이 읽은 책, 그리고 그 소녀들을 직업적인 예술가로 이끌었던 책이 『작은 아씨들』임을 생각하면, 여성 감독에 의해 이 작품이 처음 리메이크된 것이 21세기를 바라보는 1994년이었다는 점은 상당히 놀랍다. 그만큼 여성의 성장 서사를 여성 스스로의 목소리로 전달할 수 있는 사회적 환경의 조성이 어려웠던 것일까. 아무튼 1994년 질리안 암스트롱 감독의 작품 이후, 2019년 그레타 거윅의 시선으로 영화 〈작은 아씨들〉이 재탄생되었다.

단순하게만 그 의미를 짚어보자면, 두 작품은 여성 감독에 의한 리메이크작이라는 공통점도 가지고 있을 뿐만 아니라, 두 작품 모두 페미니즘 운동의 전환과 확산의 시기에 만들어졌다는 우연치 않은 공유 지점도 가지고 있다. 1990년대는 페미니즘 운동이 다각화되며 확산되는 시기였고, 현재는 일상의 근본적 변화를 촉구하는 페미니즘 리부트의 시대이다. 이 두 시기에 두 여성 감독은 자신들이 공감하고 이입했던 소녀 성장 서사의 고전을 시대의 관점으로 재해석했던 것이다.

로맨스와 투쟁

소설 『작은 아씨들』은 1868년에 1부가, 1869년에 2부가 출간되며 완성되었다. 그리고 1880년에는 개정판이 나온다. 현재 많은 사람들이 기억하고 있는 소설의 내용은 개정판일 가능성이 높다. 개정판에서는 평범했던 어머니의 모습이 기품 있고 세련된, 이상적 어머니의 모습으로 바뀌었고, 로리도 작고 까무잡잡한 소년에서 잘생기고 키가 큰 멋진 소년으로 변하였다. 사실 개정판이 이런 변화를 추구한 데에는 무엇보다 출판사의 강한 요구가 있었다는 점을 충분히 짐작할 만하다. 개정판뿐만 아니라 『작은 아씨들』이 2부라는 속편을 찍어내는 순간부터, 이 소설은 독자의 욕망을 반영해야 한다고 주장하는 출판사의 요구를 담아낼 수밖에 없었다.

출판사는 당연히 소녀들의 결혼이라는 해피엔딩을 요구했다. 작가는 1부를 마칠 때, 메그를 결혼시킴으로써 출판사의 요구를 수용하였다. 그리고 2부를 요청받을 때, 올컷은 출판사뿐만 아니라 주인공들이 누구와 결혼하는지를 묻는 독자들의 질문에도 답해야 했다. 이는 결혼에 대해 심한 거부감을 보였던 캐릭터인 조마저도 결혼을 시켜야 함을 의미했다. 작가는 고민 끝에 로리가 아닌 독일인 교수 프리드리히와 조를 결혼시킨다.

19세기 말에 작가 루이자 메이 올컷이 출판사와 독자의 요구 앞에서 고민했던 내용은 바로 2019년 그레타 거윅의 영화 〈작은 아씨들〉에 그대로 반영된다. 2019년 영화와 1994년 영화의 가장 큰 차이점이 바로 이 지점이다. 1994년 질리안 암스트롱 감독의 〈작은 아씨들〉은 소설 『작은 아씨들』의 세계를 그대로 따라간다. 소설 원작에 충실한 작품이다. 하지만 2019년 〈작은 아씨들〉은 소설의 세계를 따라가기보다는 소설의 창작자 루이자 메이 올컷의 고민에 더욱 집중한다.

1994년 영화는 어린 시절 우리가 기억하는 네 자매의 가난하지만 평화로운 삶과, 사랑과 결혼이라는 성취를 그대로 보여준다. 이 작품 속 네 자매는 각각의 에피소드를 통해 개성을 드러내지만, 대체적으로 하나의 인격체처럼 그려진다. 아름다운 메그가 파티에 가서 허영을 부려본다든가 조와 에이미가 심하게 싸운다든가 하는 장면들 또한 그려지지만, 이 영화의 핵심은 언제나 함께 움직이는 네 자매의 모습이다. 영화의 배경은 네 자매의 집을 거의 벗어나지 않는다.

그리고 그들 자매는 자신의 사랑을 별 탈 없이 찾아 결혼한다. 메그와 에이미의 결혼은 원작에서부터 이미 당연하게 그려지므로 별 무리가 없다. 그런데 조는 결혼을 하지 않겠다고 공공연하게 주장하였던 캐릭터였기에 그의 결혼은 쉽게 이루어질 수 없다. 하지만 1994년 영화는 이 부분도 당연하다는 듯이 자연스럽게 넘어간다. 조가 뉴욕 하숙집에서 만난 프리드리히는 조의 글에 관심을 가지고 조언을 해주며 조의 마음을 사로잡는다. 여기에서 핵심은, 프리드리히는 조의 자존심을 건드리지 않는다는 것이다. 프리드리히는 조에게 당신을 가르치는 것이 아니라며 권위를 내세우지 않고, 하숙집 아이들과 친근하게 노는 모습을 통해 자상한 아버지가 되어 육아를 함께할 수 있는 가능성이 있는 남자임을 보여준다. 그러므로 결혼보다 일을 하고 싶은 조에게 거부감 없이 받아들여진다.

그에 반해 2019년 영화에서는 네 자매를 하나의 집단으로 다루기보다 각각의 개별체로 다룬다. 그러면서 영화는 소녀의 성장이 아닌 성장 이후 여성들의 현재적 고민을 담아낸다. 아름다운 메그는 가난한 남편을 사랑하지만 물질적 궁핍으로 자신이 초라해지는 것이 힘들다. 현실적인 예술가인 에이미는 자신의 재능이 천재적이지 않기 때문에 예술가로서 성공할 수 없다는 것에 좌절한다. 그리고 현실적인 대안인 부자와의 성공적인 결혼을 고민한다. 그리고 조는 글을 써서 돈을 벌어먹고 사는 일의 지난함과 고달픔에 시달린다. 이들은 각각의 고민을 안고 살아가는 개별 주체로 형상화된다.

그중에서도 조는 작가 루이자 메이 올컷이 『작은 아씨들』을 출간하면서 실제 겪었던 일을 경험한다. 뉴욕의 한 신문사로 들어가 자신의 글을 익명으로 파는 조의 모습으로 시작하는 이 영화는 작가로서 조의 삶에 주목한다. 19세기 말 여성 작가의 삶은 자신의 이름조차 내세울 수 없었으며, 글을 써서 생계를 유지할 경우 출판사의 요구에 더욱 휘둘릴 수밖에 없었다. 그런 조에게 프리드리히의 충고는 또 다른 공격 혹은 상처로 받아들여진다. 조와 프리드리히는 뉴욕에서 그들만의 로맨스를 만들지 못한다. 오페라 공연 후 함께 춤을 추며 호감을 느끼지만, 곧 조는 프리드리히의 작품 평가에 자존심이 상한 채 고향으로 돌아간다. 호감이 발전할 여지는 없다. 조에게 프리드리히는 로맨스 상대라기보다 자신의 글에 대해 대화할 수 있는 동료였다가 자신의 글을 공격한 사람일 뿐이게 된다. 조금 과격하게 말하자면, 조에게는 출판사 편집자와 프리드리히 모두 싸워야 할 대상인 것이다. 이때까지 조에게 로맨스는 없다. 조의 삶은 일터와 사회에서 살아남기 위한 작가로서의 투쟁뿐이다.

소설에서조차 결혼은 경제적 거래

그래서인지 이 영화는 조와 프리드리히의 사랑 확인 장면을 희한하게 편집한다. 프리드리히가 조의 고향으로 찾아와서 가족들을 만나고 떠난 후, 메그와 에이미는 프리드리히가 조를 사랑한다는 확신을 가지고 조에게 프리드리히를 잡아야 한다고 말한다. 그리고 영화는 조가 출판사 사장과 대화를 나누는 장면과 조가 프리드리히를 쫓아가는 장면을 교묘하게 교차편집한다.

이때 사장은 조에게 책을 출간하려면 여주인공을 결혼시켜야 한다고 주장한다. 주인공이 결혼하지 않는 소설은 팔리지 않는다며 말이다. 이에 조는 저항한다. 소설 속 여주인공은 결혼을 거부하는 캐릭터였다고 주지시키며, 그랬던 여주인공이 결혼하면 캐릭터의 일관성을 상실하게 된다고 강변한다. 그러나 사장의 요구는 집요하다. 결국 조는 그 요구를 받아들인다. "결혼은 소설에서조차 경제적 거래군요." 조는 결혼이라는 경제적 거래를 받아들인다. 그렇게 조의 소설 속 여주인공은 결혼을 할 것이다. 그리고 이 대화가 진행됨과 동시에 프리드리히를 향해 달려간 조는 출판사 사장에게 여주인공의 결혼을 약속하는 순간 프리드리히와 키스한다.

그렇다면 이때 조와 프리드리히의 키스는 영화 속 주인공인 조와 프리드리히의 키스일까, 아니면 조의 소설 속 여주인공과 프리드리히로 가정되는 소설 속 남주인공과의 키스일까. 영화는 이런 모호한 지점을 남긴다. 물론 영화의 마지막 장면은 조의 가족이 운영하는 학교에 프리드리히가 함께함으로써, 그 둘의 행복한 결합을 암시하는 것 같다. 그럼에도 조와 출판사 사장의 '결혼 거래'는 루이자 메이 올컷이 출판사와 논쟁했던 그 지점을 떠올리게 한다. 그러면서 루이자 메이 올컷은 실제 삶에서 결혼을 선택하지 않고 독신 여성으로 끝까지 남았다는 사실도 떠올리게 한다.

우리의 조는 과연 결혼이라는 해피엔딩을 맞은 것일까. 나의 개인적인 기억일 뿐일 수도 있으나, 로맨스에 열광했던 어린 시절 나의 독서 취향에도 불구하고, 이상하게도 나는『작은 아씨들』의 조가 결혼하지 않았다고 오랫동안 기억하고 있었다. 그다지 멀지 않은 과거인 1994년의 영화까지 열심히 봤음에도 말이다. 루이자 메이 올컷이 주장한 바대로, 결혼하지 않는 조가 더욱 조답다.

그레타 거윅의 2019년 영화는 이처럼 여성의 일과 결혼을 둘러싼 현실적 고민, 즉 루이자 메이 올컷의 현실적인 고민을 그대로 노출시켰다. 당대의 출판사가 작가에게 요구한 것처럼 로맨스 서사와 타협시키지 않고 말이다. 그런데 이런 19세기 말의 작가의 고민이 21세기를 한참 지난 오늘날의 영화에서 그려지는 것이 전혀 어색하지 않은 이유는 무엇일까. 아직도 많은 여성들이 일과 결혼 사이에서 양자택일해야 한다는 부담감에 시달리고 있어서일까. 왜 아직도 영화나 소설 그리고 드라마 속 여주인공들은 가정과 직장 사이에서 타협점을 찾지 못하고 양자택일만을 강요받는 것일까. 로맨스 소설 속 결혼이라는 해피엔딩이 아직까지도 경제적 거래로 만들어지는 환상일 뿐이라는 현실이 씁쓸하다.

여동생이 바라본 명탐정 홈즈의 이면

▶

셜록 홈즈 시리즈에 여자는 없다

2020년 9월 넷플릭스에서 공개된 영화 〈에놀라 홈즈〉는 그 유명한 탐정 셜록 홈즈의 여동생에 관한 이야기다. 이 작품은 낸시 스프링어(Nancy Springer)가 2006년부터 2010년까지 출간한 6권의 책 『에놀라 홈즈 미스터리(The Enola Holmes Mysteries)』를 원작으로 한 영화이다. 원작 소설은 '셜록 홈즈에게 그만큼 똑똑한 여동생이 있다면?'이라는 상상력을 바탕으로 에놀라 홈즈라는 캐릭터를 만들어낸다. 아서 코난 도일의 원작에서는 전혀 등장하지 않는 홈즈의 여동생 캐릭터를 새롭게 탄생시킨 것이다. 이는 페미니즘 리부트 이후 대중문화가 젠더 감수성의 변화를 반영하면서, 여성의 시각으로 고전을 재해석하거나 주체적인 여성 캐릭터를 개발하는 흐름과 무관하지 않다. 여성의 세계와 전혀 관련 없는 코난 도일의 셜록 홈즈 시리즈조차 젠더적인 시선에서 새롭게 해석되고 있는 것이다.

다들 아는 것처럼, 셜록 홈즈는 그 무수한 사건을 해결하면서 수많은 미녀들을 만나지만, 단편에 한 번 등장하는 아이린 애들러를 제외하면 그 흔한 스캔들 하나 없으며, 여성에게 마음을 흔들려서 일을 그르치지 않는 냉정한 이성을 갖춘 탐정이다. 그래서 셜록 홈즈를 이상으로 삼는 추리소설에서는 여자에게 마음이 흔들려 스스로 위험에 빠지는 탐정을 자격 미달이라고 판단한다. 물론 1920년대부터 미스터리 추리소설을 능가하는 인기를 끌었던 하드보일드 범죄소설에서 탐정은 미녀의 유혹을 받아들여 사랑을 나누다가, 범죄를 저지른 미녀를 가차 없이 버리는 또 다른 종류의 냉정함을 보여준다. 셜록 홈즈는 아름다운 여성을 하드보일드 탐정처럼 이용해 먹지도 않는 냉철함을 갖추었다. 셜록 홈즈는 어머니 혹은 할머니뻘인 허드슨 부인을 제외하면 어떤 여성과도 사적인 관계를 맺지 않는다. 그래서 셜록 홈즈 시리즈를 젠더적 관점으로 재해석하기 위해서는 새로운 여성들이 필요했다.

유폐된 여동생과 가출한 여동생

이러한 관점에서 우리에게 잘 알려진 재해석은 BBC에서 2010년부터 2017년까지 방영한 드라마 〈셜록(Sherlock)〉이다. 〈셜록〉의 시즌4는 홈즈의 여동생인 유러스 홈즈가 등장하여 마이크로프트와 셜록을 뛰어넘는 능력을 보여주었다. 그런데 21세기를 살아가는 셜록 홈즈에게 존재하는 21세기식 여동생 유러스 홈즈는 뛰어난 지능을 가졌지만 사이코패스 성향을 가진 반사회적 위험인물로, 오빠 마이크로프트에 의해 절혼고도 감옥에 갇힌 신세다. 조금 단순하게 대비하자면, 소시오패스인 오빠 셜록은 자신의 문제 성향에도 불구하고 사회에서 인정받는 탐정으로 문제없이 살아가는데, 비슷한 성향의 여동생 유러스는 범죄자가 되어 큰오빠로 대표되는 가족의 손에 의해 유폐된 것이다.

그렇다면 여성에게 가장 보수적인 시대였던 빅토리아 시대에 셜록 홈즈에게 똑똑한 여동생이 있었다면, 그 여성은 과연 어떤 삶을 살았을까. 〈에놀라 홈즈〉는 셜록 홈즈 시리즈의 원래 배경인 빅토리아 시대를 배경으로 하지만, 여성 캐릭터는 〈셜록〉에 비해 더욱 21세기 여성 인물형에 가까워진다. 에놀라는 자신을 참한 숙녀로 교육시켜 누군가의 아내로 만들려고 하는 두 오빠들의 보수적인 교육 방침을 거부하고 런던으로 가출하여, 잃어버린 사람을 찾아주는 일을 시작으로 혼자만의 삶을 개척해나간다. 셜록 홈즈의 여동생 에놀라 홈즈는 세상과 부딪히며 모험하고 성장하는 캐릭터로 그려진다.

낸시 스프링어의 소설 자체가 청소년을 대상으로 한 소설이어서, 작품은 소년소녀소설의 공식인 모험과 성장이라는 키워드를 그대로 따라간다. 그렇기 때문에 〈에놀라 홈즈〉는 셜록 홈즈 시리즈의 2차 창작물이라 할 수 있지만, 셜록 홈즈 시리즈의 애독자인 추리소설 마니아들에게는 실망스러운 작품이다. 에놀라의 추리는 꽃말 풀이, 알파벳 순서 바꾸기, 알파벳을 숫자로 전환하는 암호 풀기 정도에 그칠 뿐, 셜록 홈즈 시리즈에 나오는 논리적이고 귀납적인 추리의 과정은 등장하지 않기 때문이다. 〈에놀라 홈즈〉는 한 소녀의 모험물 혹은 성장물로 즐겨야 하는 콘텐츠이다.

에놀라의 모험과 성장 서사에서 흥미로운 부분은 셜록 홈즈라는 위대한 탐정에 대한 새로운 해석이 나타나는 지점이다. 셜록 홈즈 원작에서 굳이 등장하지 않는 여동생을 주인공으로 내세운 데에서 이미 알 수 있지만, 에놀라 홈즈 시리즈는 셜록 홈즈라는 캐릭터를 여성적 관점에서 새롭게 해석한다.

그 첫 번째. 에놀라 홈즈 시리즈 3권 『기묘한 꽃다발』은 왓슨 박사의 실종을 다루고 있다. 왓슨 박사를 찾기 위해 에놀라는 왓슨의 아내를 만나러 왓슨의 집에 가야 하는데, 그 집에 가면 오빠인 셜록을 마주칠 위험이 있다. (에놀라는 기숙학교에 가지 않기 위해 오빠들을 피해 가출한 상태여서 셜록을 만나면 안 된다.) 그래서 에놀라는 변장을 하기로 한다. 변장술에 능한 셜록의 눈을 속일 수 있는 변장은 무엇일까. 에놀라의 결정은 '아름다운 여자'로 변신하는 것이었다. 에놀라는 셜록 오빠가 인간혐오자, 특히 여성혐오자라는 사실을 간파하였다. 셜록은 여성을 경멸하거나 여성에게 무관심하며, 아름다운 여자일수록 일부러 시선을 두지 않는다. 그러니 에놀라가 전형적인 미녀로 변장을 하면 오히려 셜록의 시선에서 벗어날 수 있는 것이다. 에놀라는 왓슨 부인의 응접실에서 셜록과 맞닥뜨리지만, 역시나 셜록은 아름다운 여성으로 변장한 에놀라를 쳐다보지도 않는다.

두 번째 장면. 영화 〈에놀라 홈즈〉에서 셜록은 가출한 에놀라를 찾아다니다가, 여성 전용 티룸을 운영하는 이디스 그레이스턴 양을 만나게 된다. 이디스는 셜록과 에놀라의 어머니인 유도리아 홈즈의 동료이자, 유도리아 홈즈와 여성참정권 운동을 전개하는 페미니스트이다. 에놀라의 주짓수 선생님이기도 하다. 어머니를 찾아 에놀라의 양육을 맡기려는 셜록에게 이디스는 묻는다. 어머니와 에놀라가 왜 집에서 나갔는지 아느냐고. 셜록은 모르겠다고 대답한다. 이디스는 다시 말한다. 셜록이 어머니와 에놀라의 가출 이유를 모르는 것은 "당신이 권력 없이 사는 인생이 어떤 건지 모르기 때문"이라고. 셜록은 정치는 지루해서 관심이 없다고 말한다. 하지만 이디스는 셜록이 정치에 관심이 없는 것은 지금 세상이 "본인에게 이미 딱 좋은 세상이라서", 그래서 "세상을 바꾸는 데 관심이 없기 때문"이라고 지적한다.

자신을 둘러싼 인간과 세상에 관심이 없는 셜록 홈즈는 매우 멋있는 캐릭터다. 그런데 그의 무관심은 여성참정권 운동에 참여하는 어머니와 기숙학교를 거부하는 여동생을 만나는 순간 무책임으로 바뀐다. 이디스의 지적처럼 셜록은 인간과 세상에 관심이 없어도 편안하게 살 수 있다. 합리, 이성, 논리에 기반한 근대 사회에서 지적 능력을 가지고 감정 조절에 능한 냉철한 남성 셜록은 타고난 능력을 바탕으로 사회적 혜택을 누리며 잘 살아갈 수 있다. 인간관계에서 생기는 문제, 사건을 해결하며 사회적 관습을 가끔 위반하며 생기는 문제는 모두 정부의 요직을 맡고 있는 마이크로프트 형이 해결해주며, 의식주를 비롯한 사적인 생활 관리는 허드슨 부인이 처리해주고, 일과 심리의 균형은 왓슨의 배려로 문제없이 넘어갈 수 있다. 셜록은 뛰어난 지적 능력 하나로 자기 생활 관리, 인간관계 관리, 사회생활 관리에서의 무능함을 용서받는 것이다. 그런데 동일한 능력을 가진 그의 여동생들은 다르다. 〈셜록〉의 유러스 홈즈는 감옥에 갇혀 있어야 하며, 〈에놀라 홈즈〉의 에놀라는 가출해야만 자신의 주체적 삶을 살아갈 수 있다.

무관심이라는 특권

세상사에 무관심할 수 있는 것 또한 특정 계층과 성별에 주어진 하나의 특권이다. 부자는 가난한 자에 무관심할 수 있으며, 남성은 여성이 겪는 일상의 불편에 무관심할 수 있다. 그 특유의 무관심함은 속세에 초연한 태도, 감정에 휘둘리지 않는 태도로 여겨져 세상 사람들의 선망의 대상이 되기도 한다. 19세기 초에 등장한 세상 쿨한 댄디들은 속세에 연연하지 않고 순수한 예술적 아름다움만을 추구하며 특유의 미적 세계를 구축하였다. 댄디들이 만들어내는 예술과 그들의 생활 태도는 많은 예술가들에게 멋진 것으로 여겨졌다.

그런데 리타 펠스키는 『근대성의 젠더』(김영찬·심진경 역, 자음과모음, 2010)에서, 보들레르로 대표되는 19세기 댄디들은 아름답게 치장한 여성들에 대한 찬양을 예술로 표현하였지만,

그 이면에서는 여성의 아름다움과 소비적 경향을 남성의 그것과 철저히 분리시켰으며, 여성을 아름다움의 대상으로는 찬양해도 아름다움을 표현할 수 있는 주체로는 인정하지 않았다는 점을 지적하였다. 속세를 초월하여 미적 아름다움을 추구하는 댄디들의 예술 지향적 태도는 겉으로는 '보편적 미와 아름다움'을 추구하는 것 같지만, 그 안에는 여성이라는 젠더를 배제하고 비하하는 태도를 내재하고 있다.

무관심은 현실의 정쟁에 휘말리지 않는 중립적이고 객관적인 태도 혹은 그래서 고고하게 세상에 휘둘리지 않고 자신의 길을 걸어가는 주체적인 태도가 아니다. 무관심은 그 자체로 세상에 타협하여 안주하겠다는 정치적 선언이다. 셜록 홈즈의 무관심 또한 이와 다르지 않다. 셜록 홈즈라는 위대한 탐정 캐릭터가 이렇게 젠더적 시선에서 재해석될 때, 기존의 추리물, 수사물, 범죄물, 스파이물의 장르적 관습 속에서 우리가 놓치고 있었던 부분이 새롭게 드러날 것이다.

여성의 자기 서사는 어떻게 시작하는가

▶

친구라는 거울

이탈리아 작가 엘레나 페란테의 '나폴리 4부작'은 1부 『나의 눈부신 친구』가 2011년에 발표된 이후 전 세계 독자와 평론가들의 관심을 사로잡았다. 4부 『잃어버린 아이 이야기』가 2014년에 완결되고 현재에 이르기까지 이 소설은 45개 언어권에서 1500만 부가 팔리며 세계적인 베스트셀러가 되었다.[*] 이 작품들은 미국 방송국 HBO와 이탈리아 방송국 RAI의 합작으로 시리즈 드라마로 만들어져 2018년에 시즌1을 방영했고, 2020년에 시즌2를 방영하며 다시 한번 화제가 되었다. 한국에서는 2021년부터 왓챠에서 시즌1, 2를 독점 제공하고 있다.

엘레나 페란테의 대표작이라 할 수 있는 '나폴리 4부작'은 여러 가지 면에서 흥미로운 지점을 많이 가지고 있다. 우선 작가의 존재 자체가 미스터리하다는 점에서 대중 독자들의 호기

---

[*] 최재봉, 「'얼굴 없는 작가' 엘레나 페란테, 신작을 말하다」, 『한겨레』, 2020. 09.07.

심을 북돋우는 측면이 있다. 엘레나 페란테라는 이름조차 필명이며, 1999년 첫 작품을 출간한 이후 현재에 이르기까지 어떤 매체에도 얼굴을 내비치지 않았다. 작가는 오직 작품으로 말한다는 강한 신념 아래, 작품 관련 모든 인터뷰는 메일을 통한 서면 인터뷰로 진행하고 있다. 다음으로 흥미로운 점은 '나폴리 4부작'이 이탈리아 남부 나폴리 지역을 배경으로 이탈리아 북부와 남부의 경제적 격차가 어떤 역사적 과정을 통해 형성되었는지 내밀하게 밝히고 있다는 것이다. 이는 이탈리아 사회의 역사적·구조적 문제를 성찰하게 할 뿐만 아니라, 빈부격차가 공간적으로 배분되며 국가 내 지역 격차의 문제로 확대되는 현상에 대해서도 비판적으로 생각할 수 있게 한다.

그러나 무엇보다도 '나폴리 4부작'은 릴라와 레누라는 두 여성의 성장기라는 점에서 가장 큰 매력을 찾을 수 있다. 1부 『나의 눈부신 친구』는 두 소녀의 유년기와 사춘기, 2부 『새로운 이름의 이야기』는 청년기, 3부 『떠나간 자와 머무른 자』는 두 친구의 중년기, 4부 『잃어버린 아이 이야기』는 노년기를 다루고 있다. 1950년대부터 60여 년간의 시간 흐름 속에서 두 여성이 어떻게 성장하며 살아나가는가를 그려내고 있다.

사실 이처럼 '여자의 일생'을 그려낸 소설은 많다. 모파상의 『여자의 일생』이 대표적인 작품일 것이다. 플로베르의 『보바리 부인』도 어찌 보면 여성의 일대기이다. 하지만 대부분의 여성 일대기가 남성 작가의 시선에서 한 여자의 일생에 걸친 전락의 과정을 전형적으로 담아냈다면, '나폴리 4부작'은 개별 여성의 실제 체험에 근거한 진짜 성장담을 담아내고 있다. 물론 허구에 기초한 소설의 내용을 '진짜 체험'이라고 말하는 것에는 무리가 따르나, 이 소설 자체의 허구적 개연성은 현실의 리얼리티를 뛰어넘는 진실성을 내포하고 있다.

'나폴리 4부작'은 릴라와 레누 중에서도 레누의 입장에서 서술된다. 레누는 작품의 초점 화자이자 주요 인물이다. 착하고 모범적인 아이 레누가 매우 영민하고 대담해서 위험한 아이 릴라의 매력에 이끌려, 두 사람이 친구가 되면서 성장해나가는 이야기가 이 작품의 주축이다. 실제로 작품 안에서 '나의 눈부신 친구'로 명명되는 것은 레누이다. 릴라가 레누에게 보내는 찬사인 것이다. 하지만 레누의 시각으로 진행되는 이 소설 속에서 '나의 눈부신 친구'는 릴라이다. 레누는 자신에게 주어진 사회적 제도 및 관습적 요구의 억압을 대담하게 이용하고 넘어서는 릴라를 보며 '나의 눈부신 친구'라고 생각하고, 자신에게 주어진 삶의 경계를 릴라처럼 넘어서려 한다. 그러므로 이 소설은 근본적으로는 레누의 성장담이다.

레누의 성장은 릴라의 매력에서 벗어나 자신만의 목소리를 획득하는 과정이다. 모든 성장의 서사는 첫 단계에서 조력자의 도움을 빌려 난관을 극복하지만, 마지막 단계에는 조력자와의 갈등으로 조력자와 헤어진 후 자기 스스로의 힘으로 난관을 극복하고 진짜 자기가 누구인지를 깨닫는 것이다. 이와 마찬가지로 레누 또한 릴라가 없으면 자신의 글을 못 쓴다고 생각하던 시기를 지나, 릴라가 아예 사라진 후 릴라와 자신의 이야기를 제대로 써보기로 결심한다. 릴라의 실종으로 릴라에 대한 이야기를 쓰기 시작하는 것이 이 소설의 첫 장면이고, 릴라와 자신의 우정을 상징했던 인형을 소포로 받아 보면서 우정의 끈이 끊어졌음을 인지하는 것이 이 소설의 마지막이다.

로맨스를 통한 주체성 찾기

이렇게 보면 여성의 성장, 그리고 그 성장의 일대기를 쓴다는 것도 보편적인 성장의 서사에 쉽게 편입될 수 있는 것 같다. 그러나 '나폴리 4부작'은 더 나아가 여성의 성장이 사회의 전형적인 성장 과정을 소화하는 과정에서 어떤 잉여들을 남기고 있는지를 보여준다. 그녀들이 경험하는 잉여는 한편으로 일반적 입사(入社) 과정에서 의미 있는 것을 획득하지 못하는 과소(過少)이기도 하며, 다른 한편으로는 주어진 하나에 너무 많은 의미를 부여하는 과잉(過剩)이기도 하다.

1950년대를 지나 1960년대를 살아갔던 릴라와 레누가 겪었던 부족함은 말할 것도 없이 여성의 사회적 역할이었다. 릴라는 빈곤한 경제적 환경 때문에 일찍 결혼을 하면서 남편을 보조하는 착한 아내의 역할을 맡아야 했다. 릴라는 이 역할 속에 주체로서의 자신이 존재하지 않는다는 사실을 일찌감치 깨닫고 반항한다. 대학 교육까지 마치고 결혼을 통해 상류층 사회에 안착한 레누라고 크게 다르지 않았다. 소설가로 성공한 레누는 결혼 이후 육아에 시달리면서 자신의 생각과 언어를 정리하지 못하는 혼돈 상황에 빠진다. 하층이든 상층이든 경제적 조건과는 관계없이 이들의 삶은 가부장제에 사로잡히면서 자신의 목소리를 잃어버린다.

참 이상하게도 이 두 여성이 자신의 삶을 찾기 시작하는 것은 열정적인 사랑을 통해서이다. 둘 모두 니노라는 자유분방한 지식인 남성을 사랑하면서 기존에 자신을 억압하던 가정에서 탈출한다. 니노는 가부장의 억압하에 숨겨진 여성의 재능과 매력을 일깨워주는 역할을 한다. 레누는 육아에 사로잡혀 소설을 쓰지 못한다. 자신의 경험이 사회의 공적 담론 안에서는 주목받지 못하고, 그래서 스스로의 삶과 경험이 가치 없다고 느끼기 때문에 이를 공적인 언어로 발화하지 못한다. 그런데 니노는 여성의 삶이 남성의 삶에 종속되어 있다고 여기는 레누의 입장을 지지한다. 레누는 니노와의 대화 속에서 자신의 목소리에 힘을 얻고, 드디어 한 권의 책을 완성한다. 나 자신의 가치를 알아봐 주는 사랑은 나의 주체성을 완성하게 한다.

이것이 로맨스를 통해 여성이 자신의 주체성을 찾는 방법이다. 근대 초기부터 낭만적 사랑은 자기 주체성을 찾는 가장 효과적인 방법이었다. 단순화를 무릅쓰고 이야기하자면, 내가 사랑하는 상대방을 나의 부모는 인정하지 않는 데에서부터 봉건적 가족 제도에 대한 저항이 시작되고, 나의 감정과 쾌락을 우선시하는 근대적 개인이 탄생하는 것이다. 낭만적 사랑은 너와 내가 다름을 인지하고, 나의 욕망이 무엇인지를 명확하게 하는 중요한 기제이다. 근대 초기 남성 작가들 또한 낭만적 사랑의 관계를 통해서 자신의 주체성을 찾아나가는 이야기에 집중하였다. 19세기가 낭만주의의 시대였던 이유다. 20세기에 들어서 로맨스 장르의 여성들 또한 낭만적 사랑을 통해 자신의 욕망을 발견하며 주체적 개인으로 거듭난다. 여성들에게 낭만적 사랑 이야기가 그토록 중요했던 이유는 로맨스의 독서 과정이 바로 자기 주체성을 찾아나가는 과정이기도 했기 때문이다.

하지만 낭만적 사랑의 서사는 양면적이다. 로맨스 이야기는 여성의 자기 인식과 성장을 시작하게는 하지만, 여성의 삶을 사적이고 친밀한 관계 속으로만 제한한다. 또한 여성의 욕망을 남성의 인정이라는 테두리 속으로 종속시킨다. 그리고 가부장제가 공고한 사회 속에서 여성의 사랑이 결혼으로 귀결되지 않는 한, 여성에게 사랑은 사회적 파멸이기도 하다. 릴라와 레누를 억압적인 가정에서 해방시킨 니노는 결국 자신의 사랑에 책임지지 않고 순간의 쾌락만 좇는 바람둥이였다. 가정에서 해방되었으나, 가정이 아니면 여성을 인정해주지 않았던 사회 속에서 릴라와 레누는 사랑을 떠나 자신이 누구인가에 대한 근본적인 질문을 다시 던져야 했다. 여성에게 사랑의 서사는 남과 다른 나의 가치를 처음으로 발견하는 계기는 되지만, 내가 진짜로 원하는 것이 무엇인지에 대한 진정한 깨달음으로 나아가게 하지는 못한다.

나의 쾌락 찾기

그렇다면 무엇이 여성으로 하여 자기 자신이 누구인지 깨닫게 하는 중요한 계기를 마련할 것인가. 18세기 후반부터 메리 울스턴크래프트와 같은 소수의 선각자들이 여성의 삶을 이야기하였으나, 여성의 공적인 권리 주장을 넘어 여성의 내밀한 자기 서사의 가능성을 보여준 것은 1950년대 즈음이다. 프랑수아즈 사강의 『슬픔이여 안녕』은 십대 소녀의 내밀한 욕망과 사회 비판을 도발적으로 담아낸 작품으로, 얌전한 소녀라는 사회적 역할에서 벗어나 실제 소녀의 내면을 보여준다. 비슷한 시기에 여성 스스로의 욕망을 말하는 많은 소설들이 창작되었다. 심지어 한국에서도 1950년대 후반에서 1960년대에 '한국의 프랑수아즈 사강'이라는 별명으로, 최희숙, 신희수, 박계형과 같은 여대생 작가들이 등장해 여대생들의 욕망과 고뇌를 대담하게 고백하였다.

'나폴리 4부작'에서 레누가 발표한 첫 번째 소설도 바로 1960년대에 출간된다. 소설 내에서 서술되듯이, 첫 소설을 발표한 레누 또한 '이탈리아의 프랑수아즈 사강'으로 소개되며 평단의 관심을 받는다. 레누의 소설은 짐작건대 '나폴리 4부작'과 동일한 여성의 성장담일 것이다. 레누는 자신의 경험이 첫 소설에 그대로 반영되었다고 서술한다. 심지어는 친구들에게조차 말하지 못했던 성적 경험들도 적혀 있다. 레누의 첫 성 경험은 니노의 아버지이자 바람둥이 시인 도나투와의 관계였다. 니노와의 사랑이 어그러지자 레누는 자포자기의 심정으로 자신에게 추근대는 도나투에게 몸을 맡긴다. 육체적 쾌감에 흥분한 도나투와 달리 레누는 아무런 느낌을 받지 못한다.

'아무런 느낌이 없었다'라는 진술은 사실 여성의 자기 서사에서 가장 중요한 역할을 한다. 남성의 시각에서 묘사된 남녀의 성관계는 쾌락의 절정을 모든 인간에게 가져다줄 것처럼 묘사된다. 그래서 열정적이고 낭만적 사랑은 자기 자신을 넘어 무아의 경지를 제공하고, 나를 새로운 세계로 이끌어갈 것처럼 여겨진다. 남성에게 사랑은 이러한 감각적 쾌락을 동반한 순간적 아름다움이었을 것이다.

그러나 여성의 성장 서사에서 남녀의 성관계는 '아무런 쾌락이 없었다'라고 진술된다. 레누의 소설을 읽은 여자인 친구들은 레누에게 다가와서 은근히 이야기한다. 너도 그랬니? 나도 그랬어. 남편하고의 관계에서 아무것도 못 느꼈다는 의미이다. 심지어 니노와 열정적인 사랑을 나누었던 릴라조차 니노와의 성관계가 즐겁지 않았다고 말한다. 레누조차 남편과의 사랑이 즐겁지 않다. 의무적인 절차처럼 진행된다.

이런 여성들에 대해서 남성들은 쉽게 '불감증'을 이야기한다. 레누의 첫 소설이 출간된 이후 니노는 릴라에 대해서 성적으로 문제가 있었다고 레누에게 말한다. 레누는 처음에 성적으로 문제가 있었다는 의미가 무엇인지 알지 못한다. 그러나 릴라가 성관계가 고통이라는 말을 한 이후 그게 무슨 의미였는지 알게 된다. 니노와의 관계에서 릴라는 쾌감을 느끼지 못한 것이다. 그런데 니노는 이를 릴라의 문제라고 전가한다.

여성 불감증의 문제는 의외로 여성 주체성 형성의 중요한 지점을 상기시킨다. 과장해서 말하자면, 한국에서도 유명한 불감증 스캔들이 있었다. 근대 초기 여성 문인 김명순을 둘러싼 스캔들이다. 김명순은 초경도 시작하기 전에 성폭행을 당하였다. 그 후 그녀는 문학적 재능을 발휘하여 사회적 활동을 하려고 하였으나, 그녀의 사회적 삶은 문학적 인정을 받기보다는 문학적 대상으로 소모되었다. 쉽게 순결을 잃고 아무 남자와 놀아나는 타락한 신여성의 대표가 된 것이다.

남성 작가들은 김명순을 모델로 소설을 쓰면서 김명순의 삶을 부정적으로 형상화하였다. 김동인의 「김연실전」이 그 대표작이다. 「김연실전」에서 김동인은 김명순을 형상화한 김연실이 성폭력을 당하는 장면에서 '연실은 그것이 무엇을 하는 것인지도 모르고 남녀가 그저 하는 일이거니 하고 그대로 내버려두었다'라고 서술한다. 이 서술은 두 가지 측면에서 악랄하다. 첫째는 폭력적인 성행위를 여성이 아무렇지도 않게 받아들일 것이라고 생각하며 여성의 주체성을 부정하는 지점이며, 둘째는 여성이 아무것도 느끼지 못한다고 단정하며 여성의 욕망을 소거하는 지점이다.

여성이 불감증인 이유는, 여성의 욕망을 인정하지 않기 때문이다. 여성을 성적 대상으로만 여기고 자신의 쾌락 발산에만 집중하는 남성에게는, 아무런 반응 없는 여성이 불감증처럼 여겨질 수 있다. 남성 삽입만이 쾌락의 전부라고 여기는 남성 중심적 관계에서는 여성의 쾌락이 삽입의 영역 너머에서도 존재할 수 있다는 것을 상상하지 못한다. 이러한 관계 맺음은 여성의 존재를 단순한 구멍으로 축소시킨다.

'아무것도 느끼지 못한다'라는 발화는 남성의 쾌락을 중심으로 배치된 관계에서 벗어나기 위한 여성의 첫 번째 선언이다. 남성의 욕망만을 충족시켜주는 관계에서 여성 스스로는 어떤 쾌락도 발견할 수 없다는 것이다. 이 관계에서 벗어나기 위해서는 여성 스스로 자신의 몸을 이해하고 자신의 쾌락을 찾아나가야 한다.

1990년대 스위스에서 여성 투표권을 획득하려는 주부들의 투쟁을 다룬 〈거룩한 분노〉라는 영화에서도, 여성 스스로의 권리를 인식하는 첫 번째 단계가 자신의 성기를 들여다보고 자신의 쾌락을 찾는 과정이었다. 이 영화에서도 대부분의 여성은 불행하게도 남편과의 관계에서 아무것도 못 느낀다고 고백한다. 남성이 판단하는 여성 불감증이 아닌, 여성 스스로 발화하는 여성 불감증은 전복적이다. 남성의 성적 능력 및 팔루스* 중심의 가부장제를 무력화시키는 발언이기 때문이다. 일방적인 성관계 속에서 자신의 성적 능력을 과신했던 남성들은 자신이 한 번도 아내를 만족시켜 준 적이 없다는 사실 앞에서 좌절한다.

이 지점에서 우리는 다시 시작할 필요가 있다. 남성의 쾌락은 남성의 것이다. 마찬가지로 여성의 쾌락도 여성의 것이다.

---

* 남성의 성기 혹은 그 문양을 한 물건. 정신분석학에서 남근인 팔루스는 상징계에서 특권을 가진 기표가 되어 사회를 가부장적으로 구성한다.

여성의 쾌락이 남성에게 종속적이지 않다는 것을 깨닫는 과정이 여성의 자기 서사에서 가장 중요한 부분이다. 여성의 쾌락을 찾을 수 있어야지만 여성을 둘러싼 모든 관계를 재조정할 수 있다. 더 나아가 남성과의 즐거운 연애도 이때에야 가능해질 것이다. 남성과 여성의 즐거움은 서로 다르지만, 서로의 다름을 존중하며 그 즐거움을 충족시켜 주기 위해 소통할 때 상호 주체성에 기반한 조화로운 관계가 가능해질 것이다.

살인자의 해피엔딩

▶

여자가 살인을 하는 이유

〈와이 우먼 킬(Why Women Kill)〉은 2019년 8월부터 10월까지 미국 CBS All Access에서 방영된 드라마다. 한국에는 2020년 5월 27일 OTT 서비스인 왓챠를 통해 독점 공개되었다. 미국의 시리즈 드라마 〈위기의 주부들〉의 작가가 각본을 쓰고, 영화 〈500일의 썸머〉 감독이 연출에 참여하여, 방영 전부터 화제를 모았다. 한국에서도 왓챠의 독점 공개 소식이 알려지자, 작품에 대한 기대를 표하는 기사들이 대거 쏟아졌다. 결과는 대성공이었다. 시즌1이 왓챠의 스트리밍 순위 1위를 기록한 것이다.

〈와이 우먼 킬〉은 제목 그대로 여자가 살인을 하는 이유를 다루고 있다. "살인은 이혼보다 싸다." 이 작품의 캐치프레이즈가 암시하듯, 이 드라마는 부부 관계에 문제가 생긴 가정에서 일어나는 살인 사건을 추적해 나간다. 〈와이 우먼 킬〉은 패서디나의 한 집에서 생긴 세 번의 살인 사건을 보여준다. 첫 번째 사건은 1963년, 다음은 1984년, 마지막 사건은 2019년에 벌어진다. 모든 사건은 완벽해 보였던 부부 사이에 끼어든 다른 이성의 문제로 인해 시작되었다. 전형적인 불륜·치정극이다.

불륜·치정극에서 여자가 살인을 하는 이유를 묻는다면, 아마도 남편의 바람과 그에 대한 아내의 원한, 필연적으로 이어지는 복수 때문이라고 답할 수 있지 않을까. 이런 우리의 전형적인 추측을 뒷받침해주듯이, 〈와이 우먼 킬〉의 오프닝은 바람피우는 남편, 권위적인 남편을 다양한 방법으로 죽이는 아내의 모습을 미국식 카툰으로 그려낸다. 길거리에서 불륜녀와 키스하고 있는 남편을 차로 밀어버리거나, 자신에게 소리치며 화를 내는 남편을 계단에서 굴려버리거나, 선물로 다리미를 주는, 여자에게 집안일이나 하라고 암묵적으로 강요하는 남자를 다리미로 내리친다. 그리고 여성들은 드디어 웃는다. 〈L.O.V.E〉라는 달콤한 배경음악을 들으면서. 그녀들은 바람피운 남편을 죽이고 해피엔딩을 얻은 것일까.

그러나 〈와이 우먼 킬〉의 오프닝은 우리를 낚기 위한 미끼였다는 것을 기억하자. 그리고 이 작품에서 살인은 일어나지만, 여주인공의 범죄는 일어나지 않는다는 것도 기억하자. 남편과 그녀들 사이에 다른 이성이 끼어들었을 때, 그녀들은 그 상황을 해결할 수 있는 다양한 방법을 시도한다. 그러니 이 글의 제목인 '살인자의 해피엔딩' 또한 범죄자의 행복한 결말을 의미하는 것은 아니다. 이 드라마는 여성 범죄자를 옹호해주는 작품이 아니다. 오히려 부부의 문제를 개선해나가려는 적극적 여성의 모험담이다.

하나의 집, 세 번의 살인, 세 시대의 관계

〈와이 우먼 킬〉은 1963년을 살아가는 베스 앤과 1984년을 살아가는 시몬 그리고 2019년을 살아가는 테일러, 이 세 여성의 삶을 보여준다. 이 작품의 가장 매력적인 부분은 세 시대를 살아가는 여성의 삶을 동시에 보여주는 부분인데, 그 연출이 마치 하나의 이야기가 진행되듯 자연스럽게 이어진다는 점이다. 특히 그들이 살았던 집을 세 시대가 교차하는 하나의 무대처럼 활용하는 기법은 감탄할 수밖에 없다. 1963년 베스 앤이 현관에서 거실로 움직이면, 그 공간에 1984년 시몬이 계단에서 내려오며 등장한다. 시몬의 차가 떠나가는 자리로 2019년을 살아가는 테일러의 차가 들어온다. 혹은 누군가가 탁자 위에 올려둔 와인 잔을 다른 시대의 누군가가 잡으면서 드라마 속 시대가 전환된다. 이렇게 과거와 현재를 자연스럽게 넘나들던 카메라는 최종화의 클라이맥스에 이르면, 이 세 시대 사람들을 한 공간으로 불러 모은다. 이것이 이 드라마의 백미다. 그러니 안타깝지만 말로 설명하는 것은 이쯤에서 멈추기로 하자.

세 시대는 이렇게 화면으로 연결될 뿐만 아니라 시간의 흐름과 함께 연결되기도 한다. 실제로 세 명의 여성들은 집 열쇠를 다음 사람에게 넘겨주면서 서로를 만난다. 그러면서 이 세 여인은 1960년대부터 현재까지 이어지는 여성의 삶을 대표하게 된다. 1963년의 베스 앤은 한국식으로 표현하자면 현모양처인 전형적인 가정주부이다. 1984년의 시몬은 경제적으로도 문화적으로도 자유주의 열풍이 불기 시작하며 등장한 화려한 파티걸이다. 2019년의 테일러는 비독점적 다자연애 폴리아모리(polyamory)를 즐기는 능력 있는 변호사다. 한국의 시대적 변화에 적용해 본다면, 차례로 1960년대 보수적인 가부장제가 완고했던 시대의 현모양처, 2000년대 초반의 칙릿(chick-lit)* 열풍 속 등장한 화려한 도시녀, 2010년대 이후 페미니즘 리부트 시대의 능력 있는 페미니스트라고 생각할 수 있겠다.

여기에서 우리가 생각하는 전형적인 불륜 서사의 클리셰를 밟아가는 인물은 1960년대의 베스 앤뿐이다. 베스 앤의 남편이 권위적이고 자기중심적인 가부장이기 때문에, 베스 앤은 결국 자신의 행복한 삶을 위해서 남편을 제거해야만 한다. 그는 이웃으로부터 자신의 남편이 근처 식당 웨이트리스와 바람을 피운다는 사실을 들은 후, 남편에게 버림받지 않고 가정을 지키기 위해 최선을 다한다. 남편을 붙잡아 둘 매력적인 아내가 되기 위해 노력하는 것이다. 하지만 남편의 바람이 일시적인 일탈이 아니었다는 사실을 깨닫고 베스 앤은 남편에게 복수한다. 전형적인 원한과 복수의 서사다.

이와 정반대의 인물이 2010년대의 테일러다. 테일러는 이성애 결혼을 하였지만 사실은 양성애자고, 자신의 성정체성을

---

* 1990년대부터 2000년대에 유행했던 로맨스 소설의 한 종류. 2030 여성 직장인들의 일과 사랑 그리고 라이프스타일을 다루었다.

유지하는 것이 삶의 신념 중 하나이다. 테일러는 남편과의 동의하에 각자의 연애를 즐기는 개방적 부부생활을 한다. 이들 부부의 균열은 테일러의 여자 애인 제이드가 등장하면서부터 시작된다. 테일러는 자신을 중심으로 남편과 여자친구가 한 가족이 되어 멋지고 개방적인, 그래서 새롭고 진보적인 가정을 이룰 것이라고 생각했다. 하지만 공평한 산수가 이루어지지 않는 감정의 세계 속에서, 특히나 누군가에 대한 감정적 우선순위를 정해야 하는 연애의 세계 속에서 세 사람의 관계는 질투와 불안으로 삐걱인다. 테일러의 서사는 급진적 페미니스트의 다자연애가 정상적 부부 관계로 회복되는 이야기를 담고 있다.

일부일처제에 기반한 근대적 부부 관계에서 굳이 '진보'의 방향을 따지자면, 이 작품 속에서 가장 진보한 관계는 1980년대의 시몬과 그 남편이다. 1960년대 베스 앤네 부부는 가부장제하의 일부일처제가 가진 전형적인 문제를 노출시킨다. 남편의 경제활동과 아내의 가사노동이라는 역할 분담 속에서 남편에게 의존하여 살아갈 수밖에 없는 여성들, 그래서 남편의 폭력을 감내해야 하는 여성들의 문제를 보여준다. 2010년대 테일러네 부부는 일부일처제의 타파라는 급진적인 구호가 어떻게 현실 앞에서 좌절하는지를 그려낸다. 대중적으로 소비되어야 하는 드라마로서는 어쩔 수 없는 선택이었을 테지만, 테일러네 부부의 비독점적 다자연애는 사랑의 감정은 여럿에게 분산될 수 없기 때문에 다자연애는 현실적으로 문제가 생길 수밖에 없다는, 근대의 낭만적 사랑의 문법이 설정한 상상력의 한계를 그대로 수용한다. 오히려 개방적 연애 관계에 대한 가능성을 보여주는 것은 1980년대의 시몬네 부부이다.

타인의 시선 속에서 사랑받고 살아야 하는 시몬. 그녀는 자신보다 술을 사랑했던 남편, 자신보다 돈을 사랑했던 남편과 이혼하고, 현재 세 번째 결혼생활을 행복하게 영위 중이다. 그러던 어느 날 남편이 게이라는 사실을 알게 된다. 자신을 독점적으로 사랑해줄 수 없는 남편에게 화가 난 시몬은 다시 이혼을 결심한다. 하지만 시몬을 여전히 사랑하며 좋은 친구 관계를 유지하고 싶다는 남편의 말, 유일하게 자신을 이해하고 웃게 해준 남편에 대한 시몬의 정, 이런 이유 등으로 시몬은 남편과 함께한다. 시몬은 남편 아닌 다른 남자를 만나면서 다시 사랑의 감정을 느끼고, 이를 바탕으로 남편에게도 다른 파트너와의 사랑이 소중한 것임을 인정한다. 시몬과 남편은 서로의 성정체성을 인정하고, 각자의 애인과의 관계를 수용하면서, 더욱 안정적인 부부생활을 해나간다. 물론 이 서사는 2000년대 초반에 로맨스 영화에서 유행했던, 여주인공의 연애를 도와주는 멋진 게이 남자 친구 모티프를 연상시킨다. 이것 또한 클리셰이다. 하지만 이 작품이 게이 남자 친구를 중심으로 개방적인 연애 관계, 조금 다르게 표현하자면 친밀한 공동체의 개방적인 형식을 보여준다는 점은 분명하다.

여자의 행복

〈와이 우먼 킬〉은 1980년대 가능했던 친밀한 공동체의 개방성을 2010년대에 들어 닫아버렸다. 완전히 도식적으로 해석해보자면 말이다. 시몬과 게이 남편이 보여준, 상대의 성정체성에 대한 수용과 우정을 바탕으로 한 다자연애의 가능성은 2010년 테일러로 넘어오면서 실패한다. 양성애자라는 성정체성을 바탕으로 비독점적 다자연애를 신념으로 내세웠던 테일러는 작품의 말미에서 결국 남편과의 관계에 집중하기로 결심한다. 테일러는 이를 '한시적' 결정이라고 표현했지만, 이 작품은 테일러의 이 '한시적' 결심 속에서 테일러와 남편의 해피엔딩을 만들어낸다는 점에서, 〈와이 우먼 킬〉이 제작·방영되는 이 시대에는 아직 친밀한 공동체의 개방성이 불가능하다는 것을 암시한다.

이는 단지 대중문화가 보수적이기 때문이라서 생긴 결과일까. 곰곰이 생각해보면, 미국보다 상대적으로 보수적인 한국 대중문화 속에서도 비독점적 다자연애(폴리아모리)에 대한 형상화가 이루어진 적이 있다. 2006년의 소설 『아내가 결혼했다』는 2008년에 영화 〈아내가 결혼했다〉로 만들어지면서 폴리아모리에 대한 담론을 형성했다. 이 작품 자체가 폴리아모리에 대한 이해를 제대로 담아내지는 못했지만 말이다. 공교롭게도 우디 앨런의 〈내 남자의 아내도 좋아〉도 2008년에 개봉했다. 2000년대 초반까지, 적어도 문화의 영역에서는 일부일처제를 벗어난 친밀한 관계를 설정하면서, 성정체성의 경계를 넘나들며 관계를 확장하는 방식의 사랑을 상상했었다. 최근까지도 일부일처제 중심의 결혼제도에 대한 반발과 개선의 움직임은 여전하다. 다만, 그 상상의 방식이 적어도 한국의 경우에는, 결혼에 대한 거부, 연애에 대한 거부 등 관계를 축소시키는 방향으로 이루어지고 있는 것 같다. 이런 시대적 차이가 〈와이 우먼 킬〉에서 상징적으로 나타나고 있다.

그럼에도 불구하고 〈와이 우먼 킬〉은 배타적이고 독점적인 결혼 관계의 전형에서 벗어나 여성이 행복할 수 있는 길을 제시하고 있다. 가장 고전적으로는 2010년대 테일러의 선택처럼 남편에 대한 사랑을 깨닫고, 서로에 대한 신뢰를 바탕으로 부부 관계를 회복시키는 것이다. 혹은 1980년대의 시몬처럼 서로를 인정하고 함께하는 매 순간 최선을 다하면서 각자의 인생을 즐기는 것이다. 아니면 1960년대 베스 앤의 선택을 고려해볼 수도 있다. 베스 앤의 선택은 이성애에 집착하지 않고도 친밀한 공동체 속에서 안정적으로 살 수 있는 방법을 제시한다. 여성 간의 연대가 그것이다. 최근 페미니즘 진영에서 다시 한번 강조되고 있는 지점이기도 하다. 〈와이 우먼 킬〉은 각 시대를 대표하는 전형적인 여성들이 친밀한 관계 속 자신만의 해피엔딩을 찾아나가는 이런 다양한 가능성에 대해 유쾌하게 보여준다. 일부일처제 결혼제도는 계속 균열이 일어나고 있으며, 언젠가 깨지는 순간이 올 것이다. 그 미래는 어떤 길을 통해 도래할 것인가. 그 모든 가능성을 생각해보자.

저항의 얼굴은 하나가 아니다

▶

1970년대의 차별과 불평등 그리고 저항

한국에서 1970년대는 어쩔 수 없는 독재의 시대였지만, 유럽이나 미주 지역은 우리와 달리 자유를 만끽했으리라는 선입견을 언제나 가지고 있다. 1968년 프랑스에서 시작된 68혁명으로 세계대전을 이끌었던 보수적 기득권이 타격을 입었고, 히피로 상징되는 젊은이들의 진보적 문화가 세계적으로 확산되었으며, 아나키스트 공동체들도 곳곳에 만들어졌다. 1970년대는 혁명, 히피, 아나키스트가 존재했던 진정한 자유의 시대가 아니었을까. 하지만 세계의 실상은 역시 그 이면을 들여다봐야 제대로 보인다. 정치적·문화적으로 강조되었던 68혁명 이후의 진보적이고 자유로운 세계가 그 시대를 선도했던 새로운 패러다임인 것은 분명하나, 일상은 그렇게 쉽게 바뀌지 않았던 것이다.

2000년대 신자유주의의 폭풍 아래, 인권과 윤리조차 경제적 효율성으로 평가받던 시대가 지나가고, 2010년대 인종차별의 문제 그리고 여성 및 성소수자들의 불평등 문제가 다시

대두되기 시작했다. 그에 따라 일상에 뿌리내린 끈질긴 차별의 역사를 밝히고 그러한 억압 속에서도 저항의 희망을 제시했던 역사적 장면들에 대한 재조명이 문화계에서 적극적으로 이루어지고 있다. 최근 세계 각국에서 제작되는 영화나 드라마는 인종차별이나 페미니즘과 관련된 역사적 장면을 일상의 관점에서 발굴하여 형상화하고 있다. 〈헬프〉(2011)나 〈히든 피겨스〉(2016)는 미국의 가사노동 그리고 더 나아가 지식노동이 젠더별로 그리고 인종별로 얼마나 철저하게 분리되어 차별받고 있었는지를 드러냈다. 1960년대까지도 흑인들은 백인들과 함께 화장실도 사무실도 컵도 공유하지 못했다. 그러니 대학 교육을 받기 위해서도, 나사(NASA)에서 일을 할 때도, 흑인은 자신의 권리를 위해서 언제나 법이나 제도 그리고 규칙과 싸워 기존의 틀을 바꾸는 혁명을 일으켜야 했다.

〈거룩한 분노〉(2017)는 1968년 유럽 전역을 휩쓸었던 68혁명의 장면에서 시작한다. 68혁명은 정치적 혁명이기도 하였지만, 성해방 운동이기도 하였다. 이 진보적이고 실천적 운동은 기존 여성에게 가해진 억압과 성 고정관념을 적극적으로 타파하는 흐름을 강화했다. 하지만 동일한 시기 스위스 시골 마을은 여전히 보수적인 가부장 문화를 유지하고 있다. 집안의 가장인 할아버지는 며느리가 청소기를 돌리면 의자에 앉은 채로 발만 살짝 들어 올려주는 최대한의 '배려'를 해준다. 며느리에게 "차"라는 한마디만 소리치면, 며느리는 시아버지를 위해 따뜻한 차를 쪼르륵 대령한다. 이런 장면은 유교 문화의 세례를 받은 한국이나 아시아에서만 당연하게 여겨지는 가부장 문화의 유산인 줄 알았는데 어쩌면 전 세계 가부장 문화는 이렇게도 똑 닮았는지, 꽤 놀랐다.

이렇게 철저한 가부장 문화가 유지되고 있는 이 시기는 1971년이다. 68혁명의 기운이 도처에 가득하여도, 도시가 아닌 시골, 공공의 영역이 아닌 사적 영역, 정치가 아닌 일상 속에서는 어떤 변화도 이루어지지 않았다. 심지어 스위스는 아직까지 여성의 투표도 가능하지 않은 시대였다. 스위스의 여성 참정권은 1971년에서야 몇몇 주에서 시행되었고, 1991년이 되어서야 스위스 전 주에서 시행되었다. 〈거룩한 분노〉는 이런 스위스 시골 마을의 주부 노라가 여성참정권 투표 찬성 시위를 주동하며, 이 마을의 보수적 가부장제에 맞서 여성들의 권리를 쟁취하는 이야기로 이루어진다.

처음에 노라는 길에서 여성해방론자들이 선전물을 나눠 줄 때, "저는 해방되지 않아도 괜찮아요"라고 말하며 외면할 정도로 현재의 생활에서 큰 문제점을 느끼지 못했다. 하지만 자신의 직장생활 복귀를 반대하는 남편의 태도와 애인을 자유롭게 만난다는 이유로 청소년 보호소를 거쳐 감옥까지 가게 된 조카딸을 보면서 여성의 권리에 대해 인식하게 된다. 노라는 여성해방론자들에게 받은 베티 프리단*의 책을 밤새 읽으면서 여성이 남성의 소유물이 아님을 자각한다.

---

* 『여성성의 신화』라는 책을 써서 여성에게 강요되는 모성성의 문제를 밝힌 작가로, 1970년대 페미니즘의 대표격인 작가.

그리고 노라는 곧 다가올 여성참정권을 인정할 것인가 말 것인가에 대한 투표에 마을 사람들이 찬성표를 던질 수 있게, 여성참정권의 중요성을 알리려고 한다. 이를 위한 마을 모임은 너무나 당연하게도 남성들의 야유와 여성들의 소심한 침묵 속에서 끝난다. 보수적인 남성들은 노라를 놀리며 쓰레기를 던진다. 그런 남편들 앞에서 아내들은 노라의 입장에 동의한다는 표현을 쉽게 할 수 없다.

하지만 이 집회가 끝나고 난 후, 여성들만 모인 자리에서 아내들은 자신들도 여성참정권을 원한다고 말한다. 그러자 노라는 여성들이 자신의 입장을 표현하지 않으면, 아무도 알아주지 않는다고 일침을 놓는다. 노라에게 힘을 실어주고 있는 노년의 여성 브로니는 1959년에 자신은 여성참정권에 반대하였지만, 그 결과 지금까지 여성들이 투표권을 가지지 못했다는 것을 환기시킨다. 이탈리아 출신 레스토랑 사장인 그라지엘라는 이탈리아에서는 파업을 통해 주장을 전달하고 권리를 인정받는다고 알려준다. 이렇게 이 작은 시골 마을에서 주부들의 파업이 시작된다.

이 영화의 장점은 이러한 주부들의 파업을 통해 그동안 가치절하되었던 가사 노동과 여성의 노동이 일상을 유지하는 데에 얼마나 핵심적이었는지를 보여주었다는 점, 그리고 여성들의 연대와 공동체가 얼마나 큰 힘을 발휘할 수 있는지를 보여주었다는 점이다. 더 나아가 이 영화는 가부장제 속 여성들의 억압과 함께 가부장제 속 남성 또한 불행했다는 점을 곁가지로 보여준다. 장남으로서의 의무감, 가장으로서의 책임감 때문에 남성들 또한 자유롭고 행복한 삶을 살지 못하는 것이다.

이 영화에서 전달하려는 메시지는 단순하다. 여성의 연대와 파업을 통해 아내들은 남편에게 압박을 가하게 되고, 그로 인해 남편들은 여성참정권 투표에 찬성표를 던지게 된다. 남성들이 투표장으로 들어갈 때 그들을 둘러싼 여성들의 레이저 눈빛은 함께하는 연대의 힘, 그리고 표현하는 실천의 힘이 얼마나 센지, 그래서 이 힘들이 어떻게 세상을 바꿀 수 있는지를 보여준다. 표현하고, 연대하고, 실천하라. 〈거룩한 분노〉는 이러한 메시지를 정확하게 전달한다. '여성의 자각-실천적 움직임의 좌절-여성 동료들의 연대-세상의 변화'라는 플롯은 여성해방운동 관련 영화의 기본적인 구도이기도 하다.

이러한 기본적인 구도를 잘 전달하는 것도 페미니즘 영화의 중요한 미덕이다. 하지만 현실 속 페미니즘 운동의 지속을 위해서는 페미니즘 운동이 처한 현실을 더욱 다층적으로 형상화할 수 있는 안목이 필요하다. 현실 페미니즘은 여성의 연대와 남성 기득권을 향한 저항이라는, 단순하고 명쾌해서 속 시원한 행동만으로는 진행되지 않는다. 어느 순간 여성이 여성의 적이 되기도 하고, 여성의 실천적 운동이 자본의 논리에 상품화되기도 한다. 이러한 페미니즘을 둘러싼 다양한 입장들을 효과적으로 형상화하고 있는 작품이 바로 〈미스비헤이비어 (Misbehaviour)〉다.

〈미스비헤이비어〉 속 저항의 다양한 태도들

〈미스비헤이비어〉(2020)는 이중의 의미를 가지고 있다. 하나는 단어 그대로 '나쁜 행실', '잘못된 행동'이다. 조금 해석을 가하자면, 기존의 규율과 윤리를 벗어나는 저항적 행동을 의미할 수도 있다. 다른 하나는 접두사 'mis-'를 호칭 'miss'로 바꾸어서, 행동하는 여성을 나타내는 제목으로 보는 것이다. 이 영화는 제목에 깃든 이 이중적 의미대로, 기존의 상식에 저항하여 행동하는 여성들의 모습에 주목하였다. 이 영화는 1970년 영국 런던에서 열린 미스월드 대회를 테러한 여성들의 실화를 다루고 있다.

이 영화가 흥미로운 지점은 이 사건을 둘러싼 여러 여성들 각각의 입장과 남성의 입장을 다양한 관점에서 보여주고 있다는 점이다. 이 영화를 여성영화의 기본적인 구도로 만들자면, 여성 상품화에 반대하는 여성해방운동가 집단, 여성을 거리낌 없이 상품화하는 남성 중심의 대회 주최자 집단, 여성 상품화에 대한 자각이 없는 아름답지만 백치인 대회 참가자 집단, 이렇게 세 집단으로 구성될 것이다. 하지만 〈미스비헤이비어〉는 여성해방운동가 집단 사이에서도 자유파와 과격파의 입장 차이를 부각시켰고, 대회 주최자 집단 속에서도 여성과 남성이 함께 대회를 주최하지만 이 사건을 겪어내는 태도가 다르다는 점을 드러내었으며, 여성 참가자들도 인종과 계급에 따라 대회 참가에 대한 태도가 달라진다는 점을 보여주고 있다.

그중 가장 두드러지는 지점은 페미니즘 운동에 내재된 계급적 차이의 문제이다. 계급 해방이 여성 해방을 동반하지 못하듯이, 여성 해방도 계급 해방을 가능하게 하지 못한다는 점이 〈미스비헤이비어〉에서 명확하게 드러난다. 가장 전형적인 예는 샐리와 조의 갈등이다. 부르주아 중산층 가정에서 자라 대학에서 역사를 전공하는 샐리는 기존의 질서 내에서 여성의 권리를 쟁취하려고 한다. 하지만 히피와 같이 자유분방한 삶을 살며 아나키스트 공동체를 꾸린 조는 그런 샐리에게 주어진 자리에 들어앉는 것은 안전한 선택일 뿐, 어떤 변화도 가져오지 못할 것이라는 점을 경고한다. 아니나 다를까 샐리에게 주어진 자리는 샐리 스스로 말하기를, '유아용 의자'였다. 샐리는 지도교수와의 세미나 자리에서 어떤 발언권도 얻지 못하며, 미스월드 관련 방송 프로그램에 나가서도 사회자 및 권위 있는 남성 패널 그리고 그에 동조하는 여성 들러리 패널에게 철저하게 외면당한다. 기존 사회는 페미니즘의 주장을 들어주는 척하면서 여성을 위해 형식적인 자리를 마련하지만, 그 형식적인 자리에서 여성은 장식품 취급만 당하는 것이다. 부르주아의 상식과 윤리에 머무르려고 하는 샐리 및 자유주의 페미니즘 운동이 가진 한계를 이 영화는 그려내고 있다. 더불어, 대중매체를 철저히 배제하고 소수의 과격파 운동으로 나아가려고 하는 급진주의 페미니즘의 한계 또한 조와 그녀의 공동체를 통해 드러낸다. 물론 각각의 입장이 가진 장점도 이들의 대립을 통해 잘 부각된다.

다음으로 흥미롭게 나타나는 지점은 여성해방운동의 주체들이 미스월드 참가자를 만나는 장면이다. 1970년 미스월드 우승자인 미스 그레나다 제니퍼와 샐리는 대회가 끝난 후 여자화장실에서 우연히 만나게 된다. 샐리는 제니퍼에게 축하인사를 건네며, 자신들이 공격했던 것은 대회 참가자가 아니라, 여성을 성 상품화하는 사회구조라고 해명하지만, 제니퍼는 이렇게 말한다. 영연방의 흑인 여성인 자신이 미스월드가 되는 것을 본 전 세계 흑인 여자아이들이 이제 백인이 아니어도 세상에 자리를 얻을 수 있다는 것을 알게 될 거라고. 제니퍼는 자신이 미스월드에 참가하고 승리를 위해 노력한 것은 성 상품화의 구조 속에서, 그 명백한 억압 속에서, 그나마 주어지는 희망의 가능성이 이 정도이기 때문에, 이거라도 붙잡을 수밖에 없었다는 점을 말한다.

이런 제니퍼의 시선을 통해서 미스월드 참가자의 다양한 입장이 드러나는 장면이 이 영화의 흥미로운 부분 중 하나이다. 미스월드 참가자들은 다양한 사회적 배경을 가지고 이 대회에 출전한다. 그런데 이 대회에 가장 적극적으로 참여하며, 이 대회를 통해 자신의 인생에서 새로운 기회를 얻으려고 노력하는 사람들은 모두 계급적, 인종적으로 약자로 분류된 사람들이다. 유럽에서 자유롭고 주체적인 교육을 받은 미스 스웨덴은 대중 및 주최자들이 가장 주목하며 대회의 우승자로 거론되었음에도 불구하고, 개인의 자유를 철저하게 통제하는 대회의 방식에 적응하지 못하고 답답해한다. 이러한 미스 스웨덴에게 미스 그레나딘 제니퍼는 이렇게 말한다. "이 대우가 너무하다 싶으면 참 행운아네요." 제니퍼는 자신에게 주어진 이 기회가 자신을 비롯한 식민지 출신 흑인 여성들에게 '그나마의 희망'이라는 점을 늘 인지하고 있다. 이는 제니퍼가 화장실에서 샐리를 만났을 때도 잘 드러난다. 제니퍼는 샐리에게 "당신처럼 선택을 하며 살고 싶다는 거예요"라고 말한다. 서구의 여성, 더 한정하여 서구 중산층 여성에게는 '저항'을 '선택'할 '기회'가 주어진다. 하지만 가난한 나라, 빈곤층, 흑인, 여성에게는 세상에 나설 어떠한 기회도 주어지지 않는다.

그래서인지 〈미스비헤이비어〉에서 미스월드에 가장 적극적으로 참여하는 참가자들은 모두 흑인이거나, 가난한 나라 출신이거나, 아니면 빈곤 계층이다. 미국 대표이지만 시골 출신인 미스 USA는 자신의 외모자본을 적극 활용하여 돈을 벌고 신분 상승을 이루려고 한다. 남아공에서 급작스럽게 출전한 흑인 대표도 자신이 일하는 신발공장 사람들이 자신의 출전에 환호했던 장면을 기억한다.

영화의 이러한 장면들은 여성해방운동의 난제가 바로 계급 문제와 맞물려 있음을 잘 드러낸다. 사회적 소외 계층, 빈곤 계층의 여성들은 젠더 차별에 더하여 사회적 주체성 형성의 기회마저 박탈당한, 이중의 억압을 견디며 살아가고 있는 것이다. 이러한 이중의 억압 속에서 주체성을 찾으려는 여성의 실천은 아이러니하게도 여성의 몸을 소비하는 자본의 논리에 적극 영합하는 것으로 나타난다. 자신의 몸을 적극적으로 상품화시키면서도 그것이 여성의 권리이자 주체성이라고 주장하는 도착이 이렇게 생겨나기도 한다. 이는 분명 문제적 지점이기는 하지만, 그렇다고 이중의 억압 속에서 여성에게 주어진 한정된 기회를 절대 활용하지 않는 것만이 옳은 방법일까.

〈미스비헤이비어〉는 각각의 여성이 처한 입장에서 취할 수 있는 모든 주체적 행동과 선택이 다 의미를 가질 수 있음을 드러내고자 했다. 적극적인 여성해방론자의 실천적 저항만이 저항의 옳은 태도는 아니다. 성을 상품화하는 대회이기는 하지만 그 대회에 참가하고 수상함으로써, 인종적 차별의 상식을 깨뜨리거나 계급적 상승의 가능성을 보여주는 것 또한 그 당시 인종적, 계층적 약자인 여성이 선택할 수 있었던 하나의 가능성이었다.

탈식민주의 이론가 호미 바바는 피식민지 주체들의 저항의 태도는 양가성과 혼종성을 지니고 있었다고 말한다. 피식민지 주체들이 식민지 통치인들에 대한 과격한 저항만을 한 것은 아니었다. 피식민자들의 저항은 훨씬 더 다양한 태도를 취했다. 그들은 겉으로는 식민지 통치인들에게 복종하는 듯하면서, 유머를 통해 그들을 놀려먹으며 숨 쉴 틈을 찾기도 했고, 식민지 시스템을 이용하면서 시스템 내에서 균열을 일으키기도 했다. 이것을 호미 바바는 '교활한 예의'라고 불렀다. 예의를 갖추는 척하면서 식민지 통치자들을 놀려먹는 것이다.

이와 마찬가지로 페미니즘 운동을 둘러싼 여성의 저항의 태도는 각자가 처한 입장에 따라 다양해질 수 있다. 〈미스비헤이비어〉에서 나타나는 가장 '교활한 예의'는 바로 당대 최고의 코미디언인 밥 호프의 아내 돌로레스가 보여준 태도다. 노골적인 성차별주의자 밥 호프는 여성들을 성적으로 비하하는 농담을 일삼으며 미스월드 참가자와 바람을 피면서도 아내에게 죄책감을 느끼지 않는, 전형적인 남성 우월론자이다. 그런 그가 미스월드 대회에서 사회를 볼 때 여성해방론자들이 그를 향해 "부끄러운 줄 알아라"라고 외치며 테러를 가하자, 밥 호프는 대중 앞에서 망신을 당했다는 사실에 우울해한다. 그는 자신이 여성을 비하하는 발언을 했다는 것을 끝까지 알아차리지 못한다. 그런 그의 모습을 바라보는 아내 돌로레스는 냉정하다. 여성을 가지고 놀 생각으로 미스월드에 참가하는 남편의 모습이 마음에 들지 않았던 데다가, 여성인 자신 앞에서 여성 비하 발언이 아무 문제가 없다고 말하는 남편이 한심해 보였던 것이다. 하지만 남편이 끝까지 징징대자, 큰 결심을 한 듯이 남편에게 다가간다. 그리고 형식적으로 그를 안아주며 위로한다. 페미니즘 운동이 시작되었어도 당신의 시대가 끝난 것은 아니니 걱정하지 말라고. 이 형식적인 위로로 남편 밥이 활기를 되찾자 아내 돌로레스는 남편을 남겨두고 술집으로 향하며 한마디를 남긴다. "그 여자들이 미친 것 같지?" 그 뒤는 생략되어 있지만 돌로레스는 이런 말을 남기고 싶었을 것이다. 그 여자들은 미친 게 아니야. 네가 우스꽝스러운 거지. 여성을 비하하면서도 너는 결국 여성인 나에게 위로를 받아야만 자존심을 회복할 수 있잖아. 모든 것을 여성에게 의존하면서도 혼자 잘났다고 떠드는 네가 바보인 거지. 이렇게 문을 닫고 떠나는 돌로레스 뒤에는 밥 호프의 초라한 모습만 남는다.

〈미스비헤이비어〉는 이렇게 우리가 생각하는 전형적인 여성 운동의 모습 외에 여성의 다양한 모습을 보여준다. 과격한 저항을 하며 기존 질서를 해체하려는 노력, 기존 질서 속에서 나름의 희망을 찾는 노력, 가부장제를 적극 유지하면서도 그 이면에서 그들을 조롱하는 태도, 이런 것을 통해 여성 해방을 향한 움직임이 단 하나의 행동으로만 이루어지지 않음을 보여준다. 여성 해방을 위한 여성들의 연대는 동일한 입장을 지닌 사람들이 하나의 목표 아래 결집했을 때만 이루어지는 것이 아니다. 다양한 방법론으로 다양한 방식의 실천을 하며 각계각층의 경험들이 모일 때, 그러한 다양한 입장들에 대한 서로의 이해를 통해서 각자의 주체성을 찾으려는 노력이 이루어질 때, 진정한 연대와 진정한 해방은 가능해질 것이다.

2부

판타지 없는
로맨스 읽기

로맨스와 페미니즘

▶

불편한 로맨스

로맨스와 페미니즘의 관계는 그리 좋지 않다. 로맨스 장르의 상업적 시작이라 할 수 있는 E. M. 헐의 『족장(The Sheik)』(1919) (이후 할리우드에서 1921년에 영화로 만들어져 대성공을 거둔 작품)은 여성주인공이 자신을 납치하고 강간까지 한 남성에게 점점 사랑을 느끼는 과정을 그려내고 있는, 전형적인 강간물이다.* 이 작품의 대중적 성공으로 로맨스의 상품화가 본격화되자, 로맨스는 마초적인 알파남이 평범하지만 순결하고 진실한 여주인공을 위험에 빠뜨려 사랑을 쟁취하는 과정을 도식화한다. 남성의 힘, 재력 그리고 강력한 남성성에 대한 여성의 선망을 그려낸 로맨스는 지금의 시선에서 보면 상당히 보수적이다.

로맨스는 여성의 서사이면서도 페미니즘의 시각으로 보면 가장 반여성적 성격을 가진다. 그렇기 때문에 페미니즘 리부트 시대에 로맨스는 점점 덜 매력적인 장르가 되어가는 듯하

---

* 이주라, 『웹소설 작가를 위한 장르가이드1-로맨스』, 북바이북, 2015.

다. 여성의 사회적 역할이 점점 커지면서, 여성의 삶에서도 사랑과 연애보다는 직장에서의 인간관계 문제 및 성공적 생존의 문제가 더욱 중요해졌다. 결혼의 문제에 이르러서는, 결혼과 육아가 여성의 자아실현과 사회적 성공을 방해하는 공공의 적이 되어버렸다. 연애와 결혼에 대한 환상이 이미 깨어진 시대에 구태의연한 로맨스는 공감할 수 없는 판타지가 되었거나, 힘겹게 바꿔가고 있는 젠더 인식을 다시 퇴화시키는 불편한 존재가 되어버렸다.

박현주는 「페미니스트를 위한 로맨스 소설을 질문하다」(『한겨레』, 2019년 11월 29일)에서 헬렌 호앙의 로맨스 소설 『키스의 지수』의 마케팅이 이러한 곤혹을 어떻게 다루고 있는지를 간략히 소개하였다. 여성주의적 시각에 눈을 뜬 독자들의 내적 갈등을 익히 알고 있는 출판사 마케팅 직원들이, 이 책을 홍보하기 위해서 선택한 문구는 "록산 게이가 추천한 최고의 로맨스 소설"이다. 록산 게이는 『나쁜 페미니스트』의 저자이다. 여성주의적 관점으로 봐도 이 로맨스는 불편하지 않을 것이라는 점을 직접적으로 드러내는 방식의 홍보였다.

물론 이 홍보 전략이 얼마나 효과적이었는지는 미지수다. 로맨스 독자들에게 그다지 큰 반향을 일으키지는 못한 듯하다. 괜히 페미니즘을 내세워서 현실과 관계없는 판타지에 빠지려는 여성들을 주춤하게 만든 것이 아닐까. 오히려 페미니즘과의 관계를 내세우지 않는 카카오페이지나 네이버 시리즈의 웹소설 로맨스 작품들이 더 많은 사람들에게 소비되고 있다. 그렇다면 역시 로맨스는 페미니즘과 관계가 없어야 하나? 그러나 로맨스 장르 속 문법의 변화들을 살펴보면 딱히 그렇지만도 않다.

성 혁명 이후 로맨스의 변화

역사적으로 봐도, 로맨스는 언제나 성, 여성, 젠더의 혁명적 변화에 동참하고자 했다. 신데렐라 스토리를 바탕으로 만들어진 가장 보수적인 로맨스의 대표가 할리퀸 로맨스*다. 할리퀸 로맨스는 여성의 성과 사랑에 대한 시대적 담론이 갱신될 때마다 그에 부응하는 새로운 라인을 론칭하였다. 1973년에 보수적 분위기를 쇄신하고 사랑의 관능성을 강조하기 위해 론칭된 프레젠트 라인은, 1968년 이후 서구의 '성 혁명' 분위기를 반영하는 조치였다.** 프레젠트 라인의 작품 속 여주인공은 똑똑하고 독립적이며, 남주인공은 멋있고 강인하지만 위압적이지 않다.

이런 변화의 지점을 가장 극명하게 보여주는 작가가 샬로트 램(Charlotte Lamb)이다. 샬로트 램은 할리퀸 프레젠트 라인의

---

* 캐나다 할리퀸 출판사에서 만든 로맨스 소설. 현재 로맨스 장르의 서사 유형을 확립하고 1980년대 이후 전 세계적 로맨스 열풍을 불러일으켜서 로맨스 소설의 대명사로 각인되었다.

**이주라, 「삼중당의 하이틴로맨스와 1980년대 소녀들의 사랑과 섹슈얼리티」, 『대중서사연구』 24-3, 2019.

대표 주자 3인방(앤 햄프슨, 바이올렛 윈스피어, 샬로트 램) 중 한 명이었다. 이 셋 중에서도 샬로트 램은 가장 혁명적인 작가였다. 그녀는 로맨스 장르 내에서 거의 처음으로 여주인공이 섹슈얼한 욕망의 경계까지 나아가, 로맨틱하고 섹슈얼한 관계를 완벽하게 끌고 가는 모습을 그려내었다.

샬로트 램 소설 중에서 가장 파격적인 작품은 『파문(A Violation)』(1983)이다. 한국에서는 1984년에 『파문』이라는 제목으로 삼중당 '프레젠트 북스'에서 출간되었다.* 이 작품은 고전적 로맨스의 문법에 따라 여주인공이 강간을 당하는 사건에서부터 시작한다. 그런데 이 강간은 사랑으로 이어질 수 없는 완전한 폭력으로 그려진다. 여주인공 클레어는 자신의 집에 침입한 강도에 의해 폭력, 상해, 강간을 당한 것이다. 그리고 이후 이 소설은 클레어가 이 강간 사건을 어떻게 처리해 나가는지에 초점을 맞춘다. 강간 사건을 해결하는 과정에서 클레어는 남자친구 톰의 가부장적이고 이기적이며 폭력적인 면을 명확하게 인지하게 되고 그와 헤어진다. 그에 반해 룸메이트 파멜라와는 그간의 데면데면했던 관계에서 벗어나, 서로의 공포와 상처를 공유하면서 유대감을 다지게 된다. 이 과정에서 클레어는 아버지의 외도로 평생을 가족에게 냉담하게 대했던 어머니와도 아픔을 나누며 가족 관계를 회복하게 된다. 여기까지 보면 이 소설은 로맨스 소설이라고 할 수 없다. 남녀

---

* 손진원, 「1980년대 성폭력 '치유' 로맨스의 문화사적 의미-하이틴 여성잡지의 상담란과 샬로트 램의 소설을 중심으로」, JKC 학술대회 발표문, 2019.11.

주인공이 사랑을 이루어나가는 과정이 주를 이루어야 하는데, 강간 피해 여성의 트라우마 극복 스토리가 서사의 주를 이루기 때문이다.

그럼에도 이 소설이 로맨스인 이유는 여주인공의 상처 극복에 직장 상사인 멋지고 냉철한 남자 래리가 도움을 주기 때문이다. 래리는 직장 상사이기 때문에 클레어에게 일어난 모든 사건을 보고받을 수밖에 없으며, 그 보고를 받은 후, 예전부터 있었던 클레어에 대한 호감과 신뢰를 바탕으로 클레어에게 최대한의 도움을 주고자 한다. 그는 강간 사건 이후 남성을 기피하는 클레어를 배려해 한적한 시골에 있는 자신의 어머니 집에서 클레어가 요양을 할 수 있도록 도와주며, 클레어가 일상생활로 복귀할 수 있도록 인내심을 갖고 돕는다.

사실, 샬로트 램의 대표적인 작품들은 대부분 강압적인 성 요구와 폭력으로 인해 상처를 받은 여성들이 그 트라우마를 치유하는 과정을 담고 있다. 『사랑의 애드벌룬』은 강제 결혼으로 인해 강압적으로 남편과 성관계를 갖게 된 아내가 남편을 계속 피해 다니다가 오랜 시간이 지난 후에 남편이 진심으로 자신을 사랑함을 알고 남편을 받아들인다는 이야기다. 여담이지만 이 작품의 가장 충격적인 부분은 여주인공의 엄마가 자신의 딸이 모든 남자들에게 냉담하자, 불감증이라고 판단하고 이 불감증을 고치기 위해 억지로 결혼을 시켰다는 것이다. 그 엄마는 딸이 남자와 한 번만 잠자리를 가지면 불감증 따위는 없어질 것이라 생각하는, 남성중심적이고 보수적인 성

인식을 보여주었다.

　다른 작품인 『밤의 이방인』의 경우, 시골에서 성장한 여주인공이 도시로 나가 독립을 한 후 처음 간 파티장에서 한 남자를 만나 술에 취한 상태로 그의 집까지 함께 갔는데, 그 과정에서 정신이 든 여주인공이 남성과의 관계를 거부했음에도 불구하고 성관계를 맺게 되자 그로 인해 충격을 받고, 이후 모든 남성과의 관계를 거부하며 직업적 성공에만 매달리는 내용을 담고 있다. 물론 옆에서 끝까지 함께해준 신뢰할 만한 친구가 여주인공의 강간 피해 사실을 알게 되고, 그녀는 든든한 위로를 받으며 그와의 사랑을 통해 트라우마를 극복한다.

　샬로트 램의 작품이 어쩔 수 없는 로맨스임은 부인할 수 없다. 신뢰할 만한 남자의 진정한 사랑을 통해 강간의 트라우마를 씻어나가기 때문이다. 로맨스 세계에서는 사랑으로 모든 것이 가능해진다. 남성의 사랑에 의존하는 여성, 이성애 중심주의 등등의 비판이 가능하다. 그럼에도 불구하고 샬로트 램은 여성의 의사를 존중하지 않는 마초 남성들의 리드가 여성에게 분명한 폭력일 수 있다는 점을 명확하게 드러낸다. 그러면서 당대까지 로맨스의 보편적 문법으로 기능했던 '강간 후 사랑'이라는 서사를 비판적으로 패러디하였다. 이렇게 샬로트 램은 성 혁명 이후 대두된, 여성의 관능, 여성의 몸에 대한 자기 통제권, 성에 있어서의 자율권 등의 이슈를 로맨스의 문법 속에 적극적으로 반영하였다.

페미니즘 리부트 시대와 역할 전도 로맨스

최근 로맨스 작품들은 사랑의 서사를 담당했던 여성의 역할에 근본적인 의문을 제기하고 있다. 여성은 남성의 눈에 띄어 사랑을 받기만 하면 충분한 존재인가. 남성의 마음에 들기 위해서만 끊임없이 노력해야 하는가. 현실 속 여성의 삶은 사실 자신에게 주어진 사회적 역할을 수행해내기에도 힘겹다. 생계를 위해 아르바이트를 하면서 혹은 직장을 다니면서, 통장이 텅 비지 않게 관리하면서도 내가 스트레스를 받지 않으며 즐겁게 지낼 수 있는 방법을 강구해야 한다. 혹은 우리 사회에 만연한 부조리 속에서 온갖 부당함을 겪으며 큰 문제를 일으키지 않고, 그렇다고 자신이 큰 피해를 입지도 않으면서 이를 어떻게 해결할 수 있을지 고민해야 한다. 사회생활에 지친 여성에게 사랑은 사치다. 그러니 여성이 사랑만 하는 서사에 어떻게 공감할 수 있겠는가. 게다가 그것은 판타지도 아니다. 사랑만 하는 여성의 모습은 요즘 감각에서는 낡은 것이다.

그러므로 여성은 일을 한다. 로맨스 속 여성도 일만 한다. 최근 웹소설 로맨스에서 여자주인공은 대부분 예전 연애에서 상처를 받은 후, 연애와 결혼에 대해 마음의 문을 닫아버린 캐릭터로 설정된다. 이들은 남성과 사랑으로 엮이려고 하지 않는다. 그들은 사랑이 두렵다. 그래서 직장에서의 성공에 온 신경을 집중한다. 그 옆에서 사랑을 하는 이는 남성이다. 남자주인공은 여자주인공이 사랑의 상처를 받는 과정을 '우연히' 보게 되었다가, 그 순간 여자주인공에게 주목하게 된다. 그리고 다시 그녀를 직장에서 만나서 그녀를 사랑하게 된다. 하지만 여주인공이 사랑을 거부하니 어찌하겠는가. 남자가 끝까지 믿음을 가지고 여자가 마음을 돌릴 때까지 사랑을 퍼줄 수밖에 없다.

여자는 일을 하고, 남자는 사랑을 한다. 여자와 남자의 역할을 전도시킨다. 이것이 최근 로맨스의 문법이다. 2019년 6월에서 7월까지 tvN에서 방영된 드라마 〈검색어를 입력하세요 WWW〉(이하 〈검블유〉)는 이러한 역할 전도 로맨스의 대표작이라 할 수 있다. 포털 회사를 이끌어가는 멋진 여성 3인방의 등장에 꾸준한 시청률 상승을 보이며 많은 여성 시청자들이 이 작품에 호응하였으나, 한편으로는 2016년 개봉한 할리우드 영화 〈미스 슬로운〉의 표절이라는 시비에도 시달렸다. 〈미스 슬로운〉 또한 여성 로비스트가 거대 권력과 당당히 맞서나가는 모습을 보여주는 작품이다. 표절 여부를 떠나서 중요한 점은, 할리우드 시장과 한국 시장에서 동일하게 '능력 있는 여성이 일을 잘하는 모습'이 사람들에게 매력적으로 다가서고 있다는 점이다. 그리고 여성의 사랑은 부차적인 문제로 빠진다. 〈미스 슬로운〉에서는 로맨스 서사를 아예 넣지 않았다. 〈검블유〉의 여주인공 배타미와 남주인공 박모건의 관계에서는, 박모건만 사랑을 한다.

배타미는 연애와 결혼이 자신의 커리어를 망칠 수도 있다는 불안 때문에 비혼을 선택한다. 그러나 박모건은 사랑하는 사람과 따뜻한 가정을 가지고 싶다. 그러니 박모건이 이미 지고 시작하는 게임이다. 박모건은 일을 하는 모습보다는 배타미를 기다리고, 연애하자 하고, 사랑한다고 말하는 모습으로 그려진다. 이에 비해 배타미의 삶에서는 자신이 평생 몸 바쳐 일한 회사의 부정과 비리의 문제, 그로 인한 실직, 새로운 회사에서의 성공 여부 등등이 최우선 순위로 그려진다. 지금은 일에 집중해야 하니 연애를 할 수 없다는 입장이다.

이 둘이 연애를 시작한 이후에도 관계는 크게 변하지 않는다. 둘의 연애 관계를 그리는 장면에서 〈검블유〉는 의도적으로 남녀의 역할 전도 상황을 보여준다. 장면 하나. 고정적으로 출퇴근해야 하는 직장을 가진 배타미는 박모건과 사랑을 나눈 후에 일터로 나간다. 타미의 집에 남은 박모건은 타미를 기다리며 집을 청소하고 음식을 만든다. 장면 둘. 바닷가 여행에서 한방을 쓰게 된 모건과 타미는 아침에 눈을 뜬다. 타미는 그냥 다시 자지만 모건은 얼굴과 머리를 타미 몰래 다듬는다. 그리고 다시 타미를 향해 누워 자는 척을 한다. 타미에게 이쁘게 보이기 위해서 노력하는 것이다. 장면 셋. 술에 취한 타미를 모건이 집에 데려다준다. 타미를 침대에 눕히고 나가려는 모건을 타미가 잡고 껴안으며 오늘 자고 가라고 한다. 모건이 그냥 가야 된다고 하자, 타미는 손만 잡고 자겠다며 자고 가라고 조른다.

카카오페이지 웹소설 『결혼하고 합시다』도 이와 유사한 상황을 그려내고 있다. 명성식품을 다니는 손모아는 팀장인 차건후가 차갑고 냉정하고 지루한 남자라고 생각한다. 그런데 일본으로 회사 워크숍을 갔다가 실수로 온천의 혼탕에서 차건후와 마주치게 된다. 그 이후로 차건후의 몸이 잊히지 않아서, 매일 밤 벌거벗은 차건후와 뜨거운 관계를 가지는 꿈에 시달린다. 결국은 손모아의 꿈은 차건후에게 들통나고, 예전부터 손모아에게 관심을 가졌던 차건후와 손모아는 실제로 뜨거운 밤을 보낼 뻔한다. 그런데 둘 모두 서로에게 탐닉하고 있던 순간, 차건후가 선언한다. "저는 혼전순결주의자입니다." 결혼을 하지 않으면 성관계를 가지지 않겠다는 남자와 결혼이 두려운 비혼주의자 여자가 펼치는 아슬아슬 밀당 로맨스가 시작된다.

『결혼하고 합시다』는 〈내 아이디는 강남미인〉 등과 같이 최근 유행했던 작품들의 모티프를 흥미롭게 결합시켰다. 성형 사실을 숨긴 한지수가 손모아와 차건후의 관계를 방해하며, 완벽한 남자 차건후가 완벽하게 아름다운 자신을 좋아하지 않는 사실을 받아들이지 못하는 모습은 〈내 아이디는 강남미인〉의 수아와 미래의 관계를 생각나게 한다. 그러나 무엇보다 흥미로운 것은 여자는 하자고 하고, 남자는 혼전에 순결을 지키겠다고 하는 이 역할 전도의 구도이다. 온천 사건 이후로 꿈속에서 계속 팀장님이 보인다고 고백하는 것도 여성인 손모아이며, 팀장에 대한 욕망에 시달리다 술을 먹고 팀장 방에 쳐들어가는 것도 손모아이다. 그리고 완벽한 순결주의자 팀장에게 계속 거절을 당하는 것도 여자주인공이다. 물론 로맨스 소설이기 때문에 팀장의 거절 이유는 당신을 진심으로 사랑하니 우리 결혼합시다, 같은 달콤한 말로 전달되기는 하지만, 기존 로맨스 소설의 문법을 뒤집어 놓은 이 작품은 꽤나 경쾌하고 발랄하다.

페미니즘 리부트 이후, 연애의 모든 과정과 섹슈얼한 관계로 이르는 모든 순간에 여성의 동의가 필요하다면 어떻게 로맨스가 가능하겠냐는 보수적인 질문들이 난무했었다. 남주의 벽치기도 안 되고, 남주가 여주 손을 잡고 끌고 나가는 것도 안 되면, 로맨스는 도덕 교과서처럼 재미없을 것이라고 생각하는 의견도 많았다. 하지만 로맨스는 남성의 거친 리드만으로 환상을 만들어내지 않는다는 사실을 최근 한국 드라마와 웹소설 작품들이 보여주고 있다. 여성들은 자신을 지켜봐 주고, 존중해 주며, 그래서 스스로의 적극적인 표현을 끌어내 주는 남성들 또한 멋있다고 생각하는 것이다.

아직까지는 로맨스가 남녀의 역할 전도 정도로 기존 로맨스의 문법을 비틀고 있지만, 더 나아가서는 현재 우리가 전혀 생각하지 못한 새로운 남녀 관계를 상상할 수 있게 하리라 기대한다. 그 상상 속에는 물론, 로맨스 장르가 이성애의 정상성이라는 한계 또한 넘어서리라는 기대도 포함되어 있다. 새로운 사랑에 대한 모든 상상력이 로맨스를 통해 재현될 수 있기를 바란다.

로맨스 패러디 시대와 자기 효능감

▶

로맨스는 사회악

문화적 전환기에는 이전 시대의 주류 장르에 대한 패러디가
성행한다. 패러디 작품들은 이전 시대의 문법이 현재의 관점
에서 얼마나 우스꽝스러운지를 보여주면서 시대적 전환을 선
언한다. 세르반테스의『돈키호테』도 중세 시대의 기사도 문학
에 대한 패러디를 통해 중세를 넘어선 근대 소설로의 전환을
보여주었고, 플로베르의『마담 보바리』도 낭만적 사랑에 대한
풍자적 비판을 통해 사실주의 소설의 문법을 구축하였다.

낭만주의 시대를 벗어나 리얼리즘에 바탕한 소설들이 주도
권을 잡기 시작했던 시기의 프랑스, 사실주의 소설의 선봉작
이었던 귀스타브 플로베르의 대표작『마담 보바리』는 한편으
로는 낭만적 소설 매니아의 몰락기라고 할 수 있다. 동서양을
막론하고 책 읽는 여자들에 대한 경계는 중세를 넘어 근대에
이르기까지 영향력을 발휘했다. 그중에서도 여성들이 낭만적
소설, 연애 소설을 읽고 낭만적인 사랑에 대한 환상에 빠지는
것을 특히 비판적인 시선으로 바라보았다.

『마담 보바리』의 서술자는 엠마가 기숙학교 시절 낭만적이고 비극적인 소설을 얼마나 탐독했는가를 보여준다. 그리고 낭만이라고는 전혀 없는 남편 샤를 보바리와의 결혼생활 속에서, 남편에 대한 지루함과 현실에 대한 탈출 욕망이 낭만적 소설 속 환상을 통해 강하게 추동되고 있었음을 드러낸다. 『마담 보바리』는 낭만주의 시대에 형성되었던 연애 소설의 문법이 현실의 결혼생활과 얼마나 맞지 않는지, 소설 속 낭만적 세계관이 현실의 질서 속에서 어떻게 무너지고 몰락하는지를 보여주는 소설이다.

이런 비판적 시선의 저변에는 이와 같은 메시지가 깔려 있다. 낭만적 연애와 결혼에 대한 환상은 모두 거짓이라고. 현실을 직시하라고. 구질구질한 현실을 살고 있는 신데렐라가 멋진 왕자님을 만나 결혼하여 행복한 결말을 맞는 이야기는 현실을 제대로 파악하지 못하는 소녀들의 환상일 뿐이라고. 세상의 모든 로맨스는 소녀들을 이러한 환상의 세계에 사로잡아 둠으로써 현실 적응을 방해한다. 그래서일까? 근대 초기 로맨스에 대한 메타 비평적 작품들은 모두 로맨스의 애독자였던 여성의 전락과 몰락을 그렸다. 엠마의 비극적 죽음처럼.

최근 들어 각 장르별 패러디물이 다수 등장하고 있다. 장르 문화가 대중문화 속에서 저변을 확대하면서, 기존 장르 문법을 벗어나 새로운 변화를 맞이하는 시기라서 이러한 패러디물이 나타나는 것 같다. 판타지물의 인기작『전지적 독자 시점』과 같이 기존 판타지 소설을 읽은 독자가 판타지 장르의 전형적 상황 속에서 판타지의 문법을 적절히 활용해 살아남는 웹소설이라든지, 한국 드라마의 전형을 패러디하며 만들어진 〈드라마월드〉와 같은 드라마라든지, 순정만화의 전형적 설정에서 벗어나려고 노력하는 주인공의 모습을 그린 〈어쩌다 발견한 하루〉와 같은 웹툰 원작의 드라마라든지, 모든 장르에서 전형적 문법과 클리셰를 패러디하는 작품들이 인기를 얻고 있다.

로맨스 장르 중에서도 웹소설보다는 웹툰과 영화 그리고 드라마 쪽에서 이러한 패러디물이 자주 나오고 있다. 최근 로맨스 장르 문법에 대한 메타 비평적인 관점은 근대 초기와 달리 로맨스에 대해 부정적인 입장을 취하지 않는다. 대중문화 속 로맨스물이라는 것이 패러디의 형식을 취하더라도 기본적으로 로맨스 장르의 향유자에게 다가간다는 점 때문이기도 하지만, 여성의 욕망과 삶에 대해 주체적인 시각이 많이 확보되었기 때문이기도 하다. 여성을 무조건 허황되다고 판단하지도 않고, 여성의 욕망이 여성을 타락시키고 파멸시킨다고 생각하지도 않기 때문이다. 그렇다면 최근 로맨스 패러디물에서는 기존 로맨스의 문법을 어떤 관점으로 바라보는가.

설정값을 벗어나 나를 사랑하라

최근 로맨스 패러디물에서는 로맨스의 클리셰를 개인의 자유를 구속하는 외부적 억압으로 파악하고 있다. 이는 사실 다른 장르의 패러디물에서도 비슷하게 나타나는 현상이기는 하다. 그래도 여기에서는 로맨스에 집중하여 살펴보기로 하자. 2019년 10월에 MBC에서 방영한 〈어쩌다 발견한 하루〉는 『어쩌다 발견한 7월』이라는 다음 연재 웹툰을 원작으로 만들어진 드라마다. 이 웹툰과 드라마는 순정만화 세상 속 조연 역할을 담당하는 은단오가 자신에게 주어진 설정값을 벗어나기 위해 고군분투하며, 그 과정에서 만난 하루와 사랑을 키워나가는 이야기다.

〈어쩌다 발견한 하루〉는 우리가 기존에 알고 있던 순정만화의 문법을 그대로 노출시킨다. 순정만화 여주인공 여주다는 청순한 아름다움을 가지고 있지만 가난하여 부유층이 다니는 사립학교에서 왕따를 당하고 있으며, 남주인공 오남주는 몇 번의 우연이 겹치면서 여주다를 발견한 이후 여주다를 좋아하게 되어 일방적인 애정 공세를 퍼붓는다. 〈꽃보다 남자〉의 설정이다. 마찬가지로 남주인공의 옆에는 F4에 버금가는 A3가 있으며, 이들은 각각 착하고 부드러운 남자 캐릭터(이도화)와 차갑고 나쁜 남자 캐릭터(백경)를 담당한다. 그리고 여주인공 옆에는 자기 인생 없이, 오로지 여주인공을 도와주기 위해 존재하는 친구, 은단오가 존재한다.

이 작품은 여기에서 여주인공의 입장에서 벗어나 여주인공의 친구 은단오의 입장으로 들어간다. 로맨스 문법에서 원래 여주인공의 친구는 자신의 삶이 없어야 한다. 그러나 여주인공 친구가 자신의 삶을 가지게 되자, 남녀 주인공을 중심으로 한 순정만화의 전형적 문법은 그 안에 내재한 매우 잔인한 속성을 드러낸다. 오직 주인공만을 위해 희생해야 하는 조연의 고달픔과 서러움이 보이는 것이다. 은단오는 오남주가 여주다를 발견할 수 있도록 도와준 것과 나쁜 남자 백경이 아버지와 겪는 불화를 강화시키기 위해 백경의 약혼녀로 기능하는 것 외에는 다른 할 일이 없다. 자신의 삶은 타인에게 이용만 당하고 정작 자신은 심장병에 걸려 죽는 날짜만 기다리고 있어야 한다. 주인공의 사랑을 위해 모두가 헌신하고 희생하는 삶이 로맨스의 잔혹한 본성이다.

그래서 은단오는 이러한 순정만화의 문법을 벗어나기 위해 노력한다. 자신의 자아를 획득한 은단오는 자신에게 주어진 설정값에서 벗어나기 위해 최선을 다한다. 이러한 은단오의 노력은 외부에 존재하지만 그 실체를 정확하게 알 수 없는, 이 만화의 세계를 창조하고 이끌어가고 있는 만화 작가와의 전면 대결이다. 은단오가 설정값을 벗어나려 노력하면 만화 작가는 언제나 장면을 전환시킨다. 그래서 원치 않는 스테이지(작가가 그린, 이야기가 전개되는 무대)가 시작되게 만들어서, 혹은 페이지가 넘어가게 만들어서, 은단오의 노력을 수포로 만든다. 그럼에도 은단오는 설정값을 벗어나기 위한 노력을 포기하지 않는다.

은단오에게 주어진 설정값은 사회의 거대한 시스템 속에서 벗어나지 못하고 살아가는 우리들의 모습과 겹친다. 한 사회의 주체가 그 사회 속에서 주체적으로 살 수 없게 만드는, 보이지 않는 거대 시스템의 존재가 만화 작가의 모습으로 은유

되는 것이다. 이렇게 보면 최근 장르물에서 나타나는 패러디물의 유행이 단지 장르 문법의 전환만을 보여주는 것은 아닌 듯하다. 장르의 클리셰는 기존 권력 사회의 클리셰와 같은 역할을 담당하며, 장르물 속 주인공들은 그 구습에서 벗어나기 위해 노력하는 것이다. 로맨스의 클리셰 또한 한 개인의 주체성을 제약하고, 제대로 된 관계를 맺지 못하게 만드는 악역을 담당한다.

그렇다면 로맨스 패러디물에서 주인공은 그 클리셰에 맞서 무엇을 하는가. 장르 패러디물의 허무한 점은 결국 장르 문법을 패러디하면서, 그 해결책 또한 장르 문법 내에서 찾고 있다는 점이다. 로맨스 패러디물에서 주인공이 클리셰와 싸워 이기기 위해서는 로맨스 장르의 전형적 해피엔딩을 맞아야 한다. 〈어쩌다 발견한 하루〉에서 단오는 하루와의 사랑을 통해 설정값을 바꾸고, 또 다른 만화의 세계에서 하루와 만나 새로운 시작을 한다.

또 다른 로맨스 패러디물인 〈어쩌다 로맨스(Isn't It Romantic)〉(2019)는 로맨스 영화가 모두 거짓이라고 불신했던 여주인공이 결국 일과 사랑을 동시에 쟁취하며 행복한 결말을 맞는다는 내용으로 구성되어 있다. 〈어쩌다 로맨스〉는 넷플릭스 오리지널 작품이다. 어려서부터 로맨스 영화를 믿지 않았던 여주인공 나탈리가 갑작스러운 사고로 로맨틱 코미디의 세계에 들어가게 되고, 그 세계 속 주인공이 되어 멋쟁이 재력가와 연애를 시작하지만, 자신의 직장 동료이자 오랜 친구인 조쉬가 결혼을 하게 되자, 자신이 조쉬를 사랑했다는 사실을 깨닫고 조쉬에게 고백한다. 이 순간 나탈리는 다시 현실 세계로 돌아오게 되고, 현실 속에서 자신감을 얻고 업무에 임하고, 조쉬에게도 사랑을 고백하여 연애를 시작한다.

이 영화는 로맨틱 코미디 영화의 클리셰를 조롱하며 시작한다. 나탈리는 로맨틱 코미디 속에서 여주인공은 왜 모든 사람의 사랑을, 특히 남자들의 사랑을 집중적으로 받는데 여자 동료에게는 항상 견제를 받아야 하는지, 그리고 왜 늘 게이 친구가 자신의 삶을 희생한 채 여주인공을 도와주는지, 왜 여주인공은 말도 안 되는 우연과 우연이 계속되어 남주인공을 만나는지, 남주인공이 왜 보잘것없는 여주인공을 갑작스럽게 사랑하게 되는지 이해하지 못한다. 그래서 로맨틱 코미디 속 세계에서 오글거림을 참지 못한다. 게다가 가끔 열 받는 상황마저 발생한다. 자신을 사랑한다는 멋진 남자와 열정적인 키스를 나누며 남자의 셔츠를 벗기는 순간, 곧바로 아침이 되어 있는 것이다. 로맨틱 코미디 영화는 항상 키스 장면에서 끝나니, 나탈리는 아무리 노력해도 멋진 남자와 뜨거운 밤을 보낼 수가 없다.

그럼에도 불구하고 이 영화는 로맨스의 세계가 나탈리의 성장에 결정적인 역할을 함을 보여주려고 한다. 현실 속 나탈리는 스스로 위축되어 있었다. 자신처럼 뚱뚱하고 사람들이 관심도 안 가지는 사람은 사랑을 할 수 없을 것이라고 생각하며 로맨스 세계가 가짜라고 믿었다. 하지만 나탈리가 실제 경험한 로맨스 세계는 주변 모두가 나탈리에게 아름답다고, 사랑스럽다고, 괜찮다고 웃어주는 세계였다. 물론 이런 과잉 긍정의 세계가 가진 오글거림을 잊어서는 안 된다. 그럼에도 이 절대 긍정의 세계 속에서 나탈리는 자신을 인정하고 받아들이게 되며, 그로 인해 자신의 진짜 마음도 알게 된다. 자신도 조쉬를 소중하게 여기지만, 지금껏 상처받기 두려워서 조쉬의 마음을 피해왔다는 사실을.

로맨스의 문법을 패러디하면서 다시 로맨스로 회귀하는 로맨스 패러디물은 로맨스 감상이 행하는 두 가지 역할을 보여준다. 하나는 로맨스 문법에 대한 비판이며, 다른 하나는 로맨스의 가능성에 대한 제시이다. 장르 문법에 대한 비판은 단지 클리셰라는 기능적인 측면에 대한 비판에 국한되지 않고, 당대 사회의 부정적인 측면에 대해 은유적으로 비판하면서 사회적 비판까지 담아낸다. 이러한 비판적 시선 속에서도 장르 문법은 그 장르의 갱신을 통해 이 사회가 원하는 판타지를 충족시키려 한다. 로맨스의 환상은 언제나 인간 사이의 친밀한 관계이다. 그런데 최근 로맨스는 이러한 친밀한 관계는 나의 자존감 회복으로부터 시작한다는 것을 보여준다.

좀비물과 로맨스물이 결핍을 다루는 방식

장르의 문법이라는 제약 속에서 고군분투하는 장르 패러디물, 그리고 주어진 기능적 역할만을 담당해야 하는 초현실적 존재나 영웅처럼 일상적 고단함을 간직한 캐릭터들은 공통적으로 외부적 상상력이 차단된 자본주의적 질서 그리고 구습으로 형성된 거대한 권력의 세계 속에서 자율성과 주체성을 잃어버린 채 살아가는 우리들의 모습을 반영한다. 그리고 이러한 현대 주체의 무력함을 가장 잘 그려내고 있는 장르가 좀비물일 것이다. 공포물은 현시대의 불안을 증폭시켜 보여주는 장르이기 때문이다.

이러한 공포물과 짝패를 이루는 장르가 있다면 의외로 그것은 로맨스 장르다. 1960년대 후반 〈미워도 다시 한번〉과 최루성 멜로드라마 속에서 가부장제에 헌신하다가 희생당하는 여성들의 눈물이 절절하게 그려졌다면, 동일한 시기 〈월하의 공동묘지〉와 같은 공포물에서는 그렇게 희생당해 죽은 여성의 원귀가 현실로 귀환하여 여성의 한을 풀어내었다. 한 사회의 결핍을 보여주는 공포물과 그 결핍을 환상으로 봉합하는 로맨스는 좋은 파트너다.

『오마이뉴스』 인터뷰 기사인 「20대가 신천지에 빠지는 4가지 이유」에서 변상욱 전 CBS 기자이자 현 YTN 앵커는 20대가 신천지에 빠지는 이유로 '자기 효능감'을 들었다. 사회 속에서 아무것도 할 수 없다는 절망감에 빠진 사람들에게, '당신도 세상을 바꿀 수 있다'라는 메시지를 전할 때, 무력한 주체는 자기 비하에서 벗어나 행동할 수 있게 된다. 신천지를 비롯한 사이비 종교 문제는 이미 대중문화 속에 녹아든 현재 우리 사회의 주체들이 안고 있는 문제와 해결책을 단적으로 보여준다. 공포물 중에서도 좀비물이 실감 나게 다가오는 이유, 그리고 장르적 설정값 안에 갇힌 주인공들을 보여주는 이유, 빠져나갈 수 없는 장르 클리셰의 제약 속에서 자아를 발견하여 장르 문법의 제약을 새롭게 갱신하는 주체가 등장하는 이유. 이 모든 것이 현재 우리 사회가 겪고 있는 무기력증과 그 무기력증을 벗어날 수 있는 능력과 자율성에 대한 환상을 반영하고 있다. 장르 클리셰를 벗어나고자 하는 로맨스의 주인공이 자기 비하에서 벗어나 자존감을 회복하고, 친밀한 인간관계를 형성하며, 사회적 공동체의 인정을 받는 판타지는 결국 현재 우리 사회 주체들의 결핍과 욕망이 형상화된 것이다.

로맨스와 정치적 올바름의 문제

▶

〈브리저튼〉의 드라마화가 야기한 문제

2020년 12월 25일 첫 방영된 이후 2021년 시즌2를 발표하고, 2023년 시즌3의 제작에 들어갔으며, 2023년 〈샬럿 왕비: 브리저튼 외전〉까지 성공시키면서 넷플릭스에서 인기를 모으고 있는 〈브리저튼(Bridgerton)〉은 전형적인 시대극 로맨스다. 장르적 관습에 따라 조금 더 엄밀하게 말하자면, 〈브리저튼〉은 '리젠시(regency) 로맨스'다. 이것은 영국의 섭정 시대인 1811년에서 1820년 사이를 시대적 배경으로 하는 로맨스를 일컫는다. 영국의 섭정 시대는 조지 왕조의 말기, 조지 3세가 건강상의 이유로 통치에서 물러나고, 이후 조지 4세가 되는 왕자가 섭정을 맡았던 시기를 가리키는데, 짧게는 왕자의 섭정 기간인 1811년에서 1820년까지로 보고, 길게는 조지 왕조 말기에서 빅토리아 시대가 시작하기까지인 1795년에서 1837년 사이로 보기도 한다. 섭정 시대를 뒤따라올 시대가 빅토리아 시대인 것만 봐도 짐작할 수 있듯이, 이 시기는 영국이 부를 축적하고 사회적 안정을 찾으며 문화가 융성하는 시기다.

그런데 왜 이 시기를 특정한 로맨스 장르가 따로 존재하는 것일까. 문화가 융성했던 시기이니만큼 화려함을 추구하는 로맨스 시대극의 배경이 되기에 적당하기도 할 터이다. 하지만 모두 짐작하고 있다시피, 이와 다른 이유로 로맨스 장르에서 리젠시 시대는 더욱 특별하다. 바로 영국의 섭정 시대에 현대 로맨스의 시조라 할 수 있는 제인 오스틴의 대표작들이 발표되었기 때문이다. 로맨스의 고전 『오만과 편견』은 1813년에 출간되었다. 역시나 〈브리저튼〉 시즌1의 배경 또한 1813년이다. 게다가 제인 오스틴의 모든 작품은 작가가 작품을 발표했던 그 섭정 시대의 현실을 철저히 반영하고 있다. 제인 오스틴이 창조한 연애, 사랑, 결혼의 세계에 강력하게 영향을 받고, 그 세계에 대한 동경을 가지고 있는 로맨스 장르는 역사 로맨스 중에서도 이 섭정 시대를 특화시켜, 리젠시 로맨스라 부르는 하위 장르를 만들었다.

넷플릭스 오리지널 시리즈인 〈브리저튼〉은 줄리아 퀸(Julia Quinn)의 리젠시 로맨스 '브리저튼 시리즈'의 첫째 권인 『공작과 나(The Duke and I)』(한국어 번역 제목은 '공작의 여인')를 드라마화한 것이다. 원작자 줄리아 퀸은 리젠시 로맨스의 대표 작가이며 전 세계적인 베스트셀러 작가이다. 작가와 작품의 유명세는 이 작품의 드라마화가 화제를 끄는 한 요인이기도 하다. 그와 더불어 드라마 〈브리저튼〉은 연출진도 화려하다. 〈그레이 아나토미〉의 프로듀서 숀다 라임스 등이 책임 프로듀서를 맡았으며, 〈그레이 아나토미〉를 함께 작업했던 크리스 반

두센이 연출을 맡았다.

원작과 연출에 대한 신뢰도와 화제성으로 인해 〈브리저튼〉 시즌1은 개봉 전부터 꽤나 화제작이었다. 그리고 넷플릭스에 올라온 이후 지금까지도 좋은 평점을 유지하고 있다. 로튼토마토에서 신선도 지수 92%를 얻었으며 대중적 작품 5위권에 이름을 올렸고, 신선도 작품 10위권 내에도 진입했다. 인터넷 무비 데이터베이스(IMDB)에서도 평점 7점대를 기록하고 있다.

하지만 이 작품에 대한 평가는 극과 극으로 갈리는 양상을 보인다. IMDB에 올라온 일반 관객의 평가만 봐도 쉽게 알 수 있다. 여기에서 〈브리저튼〉은 평점 7점 정도를 유지하고 있지만, 실제 평가는 1점과 10점으로 극명하게 갈린다. 누군가는 최악의 시간 낭비 작품이라고 말하고, 누군가는 최고로 몰입감 있는 작품이라고 말한다. 평가가 갈라지는 논쟁의 지점은 바로 원작을 드라마로 만들면서 연출진들이 시도했던 흑인 배우의 기용이다. 제작진은 배우 채용에 인종적 기준을 두지 않았다. '컬러 블라인드 캐스팅(colorblind casting)'을 한 것이다.* 작품에서 현실의 사회적 맥락을 담기 위해 노력했고, 그래서 사랑을 그리는 데 있어서 페미니즘적 시각을 담아내려 했으며, 이 맥락에서 인종적 불평등을 넘어서려 했다.

제작진의 이러한 시도는 관객과 우리 사회에 꽤 흥미로운 결과를 안겨주었다. 흑백 차별이 명백했던 19세기 후반 영국

* Julia Jacobs, "With 'Bridgerton' Scandal Comes to Regency England", *The New York Times*, 2020.12.18.

귀족 사회를 배경으로 한 드라마에서 흑인 귀족들이 나오고 동양인 상류층들이 배경으로 서 있다니! 이 지점을 둘러싸고 역사적 고증에 문제가 있다, 이것은 판타지를 기반으로 한 로맨스일 뿐이다, 현실 정치에서 요구되는 정치적 올바름을 대중문화가 어느 정도 반영해야 하는가, 이러한 문제들이 야기되었다.

로맨스의 성공

로맨스의 관점에서 보면, 〈브리저튼〉은 아무런 문제 없는, 매력적인 작품이다. 브리저튼 자작 집안의 첫째 딸인 다프네가 최고의 결혼을 하기 위해 고군분투하는 과정에서 결혼 생각이 전혀 없는 공작 사이먼과 서로의 이익을 위해 계약 연애를 시작하고, 그 과정에서 서로를 사랑하게 돼 마침내 결혼하는 이야기다. 다프네는 그 시즌 사교계 최고의 신붓감으로 알려졌음에도 세상 물정 모르는 큰오빠의 과보호로 신사들의 관심에서 멀어진다. 자신의 인기를 회복시켜 원하는 결혼을 하기 위해 다프네는 자신의 가치를 상승시켜 줄 공작과의 계약 연애를 시작한다. 이와 달리 사이먼은 어린 시절 가문의 완벽함을 위해 아들인 자신을 방치했던 부친에 대한 증오로 가문의 절멸을 위해 결혼을 거부하는데, 사교계에서는 오히려 사이먼의 이런 태도가 딸을 가진 어머니들의 승부욕을 불러일으킨다. 사이먼은 이 귀찮은 어머니들을 떼어버리기 위해 다프네에게 계약 연애를 제안한다.

계약 연애라는 명목하에 두 남녀 주인공은 자주 만나게 되고, 당연하게도 서로의 매력을 발견하며, 여주인공은 남주인공의 상처를 어루만져 주고 그의 사랑을 획득한다. 그런데 로맨스의 매력, 특히 영상화된 로맨스의 매력은 이렇게 뻔하게 진행되는 스토리에서 찾을 수 있는 것이 아니다. 여주인공과 남주인공이 서로에게 호감을 느끼는 장면의 매혹적인 표현이 더욱 중요하다. 이 지점에서 〈브리저튼〉은 훌륭한 로맨스 드라마다.

제작진이 여성의 관점에서 사랑을 표현하려고 노력했다는 것이 충분히 드러난다. 두 사람의 관계가 진전되면서 다프네가 자신의 욕망을 각성하는 단계가 섬세하게 진행된다. 다프네와 사이먼이 서로 가까워지면서 점차 호감을 느끼는 순간, 사이먼은 춤을 추다가 다프네의 등에 두른 자신의 손을 다프네의 옷 위 맨살이 드러난 등으로 살짝 올려, 손가락 두 개 정도를 조심스럽게 다프네의 등에 내려놓는다. 갑자기 호흡이 가빠지는 다프네. 두 사람 사이에 흐르는 관능적이고도 서정적인 공기. 이 미묘한 신체 접촉 이후로 다프네는 다른 남자가 눈에 들어오지 않는다. 제아무리 프러시아의 왕자라 하더라도 다프네의 시선을 사이먼에게서 떼어놓지 못한다. 다음 장면. 미술관에서 사이먼의 아픔을 이해하게 된 후 서로 조심스럽게 천천히 맞닿는 손. 친밀하면서도 관능적인 순간. 이러한 작은 접촉의 순간들은 다프네의 사랑이 정신적 친밀함을 넘어 육체적 열망까지도 간직함을 고스란히 보여준다. 〈브리저튼〉은 이러한 친밀함의 진전과 육체적 관능의 고조를 매력적으로 장면화한다.

사실 〈브리저튼〉은 '성인용 로맨스'다. 남녀의 섹스 장면이 넘쳐나는 19금 로맨스다. 이 또한 최근 로맨스의 트렌드를 정확하게 짚은 지점이다. 〈그레이의 50가지 그림자〉 이후 로맨스는 여성의 육체적 욕망을 적극적으로 고려하는, 여성을 위한 소프트 포르노 장르가 되었다.* 〈브리저튼〉 또한 다프네와 사이먼의 관계에 내재한 사랑을 열정적으로 표현하기 위해 두 사람의 결혼 이후 장면을 거의 섹스신으로 채웠다.

이러한 관능성 아래에서 남자주인공의 섹시미가 극대화된다. 사이먼 역을 맡은 레지 장 페이지(Regé-Jean Page)는 〈아웃랜더(Outlander)〉의 샘 휴언 이후 가장 섹시한 로맨스 남자주인공의 계보를 잇고 있으며, 샘 휴언과 함께 '007 시리즈'의 제임스 본드 역으로 거론될 만큼 주가 상승 중이다. 다프네의 시선에 포착된 사이먼의 자태는 섹시 그 자체다. 숟가락을 핥는 혀, 소매를 걷어붙일 때 드러나는 팔뚝 등등. 이렇게 남자주인공의 매력을 관능적으로 그려내고, 그래서 새롭고 신선한 남자 배우의 매력에 빠져들게 만드는 것, 이것 또한 로맨스의 중요한 성공 요인이다.

---

* 에바 일루즈, 『사랑은 왜 불안한가』, 김희상 역, 돌베개, 2014.

역사 고증, 현실 정치의 이질적 충돌

하지만 문제는 이러한 로맨스의 문법을 현실의 정치적 관점으로 재해석하면서 발생한다. 시대극 로맨스의 고질적인 문제는 바로 인종 편향이다. 영미권 시대극 로맨스의 대부분이 섭정 시대를 바탕으로 하니 어쩔 수 없는 부분이기는 하다. 그러나 또 한편으로는 왜 로맨스 독자들은 영국, 백인, 이성애 중심의 환상과 동경만을 확대 재생산하고 있느냐는 것이다. 인종과 문화권에 관계없이 로맨스의 시선은 상당히 영국(UK 중에서도 England) 중심적이다. 영국이 로맨스의 종주국이니까 당연한 결과이기도 하다.

그래서인지 미국 제작사에서 만든 〈브리저튼〉은 이러한 로맨스의 한계를 벗어나려고 한다. 시대극을 만들면서 현실 사회를 반영하는 시선을 더욱 강조한 것이다. 역사적 고증에 충실해야 한다는 강박에 휩싸이지 않고, 현실의 관점을 충분히 반영할 수 있는 판타지의 공간을 열어놓는다. 섭정 시대에 흑인이 귀족일 수 있었다는 설정을 과감하게 가져온다. 감독 크리스 반 두센은 이 작품에서 역사와 환상을 결합시키고 싶었다고 말한다.* 그래서 흑인 배우를 고용하면서도 그 설정이 완전한 환상으로 여겨지지 않게 하기 위해, 샬럿 여왕이라는 실존 인물을 배치한다. 샬럿 여왕은 포르투갈 왕족이지만 아프

---

* Julia Jacobs, Ibid.

리카계의 혈통을 가지고 있기도 해서, 영국 해리 왕자의 부인 메건 마클이 영국 왕실로 들어갈 때, 그가 영국 왕실 최초의 흑인이냐 아니냐의 논쟁에 다시 소환되기도 하였다. 그리고 사이먼의 권투 선수 친구 윌 몬드리치는 19세기 흑인 권투 선수 빌 리치몬드를 기반으로 만들었다.

차라리 이 작품이 상상에 기반한 대체 역사물이라고 했으면 훨씬 편할 뻔했다. 그랬다면, 샬럿 여왕과 조지 3세의 결혼으로 인종차별이 철폐되고 인종적으로 평등한 새로운 사회에 대한 상상이 조금 더 자유로웠을 것 같다. 그런데 제작진이 최소한의 역사적 사실에 기반하려고 한 순간, 상황이 복잡해졌다. 그 시대에 샬럿은 왕실의 혈통으로 영국 왕가에 입성했는지 모르지만, 인종차별은 그 시대는 물론이고 21세기가 된 지금에도 여전히 강고하니까. 현재의 관점에서 우리가 올바르다고 믿는 정치적 관점을 19세기에 투영하는 것은 명백하게 역사적 사실을 왜곡하는 셈이 되는 것이다.

여기에서 그 지겨운 역사 고증 문제가 들어선다. 2000년대 초반에 전 세계적으로 유행했던 팩션(faction)의 등장 이후로, 역사허구물은 최소한의 역사적 사실만을 바탕으로 하고 나머지는 그럴 법한 상상을 통해 허구적으로 그려도 되는 방식으로 변하였다. 이러한 팩션에 대해서 다큐멘터리 수준의 작품을 원하는 관객들은 대중문화는 언제나 역사적 고증이 철저하지 못하다며 비판한다. 이러한 논쟁에서 아예 벗어나기 위해서 한국의 역사 로맨스는 조선시대라는 배경만 남겨두고,

실존하는 왕이 아닌 허구의 왕을 내세워 시대를 정확하게 특정할 수 없는 작품을 만들기도 한다. 이런 작품들은 고증 문제에 시달리지 않기 때문에 훨씬 편하게 즐길 수 있다.

그런데 〈브리저튼〉은 굳이 고증 문제를 제기하게 한다. 이럴 경우 〈브리저튼〉이 내세우는 정치적 올바름이라는 것이 상당히 웃겨지는 상황에 처한다. 현재적 관점을 내세워 흑인들도 평등한 권리를 부여받은 것이 19세기 섭정 시대라면, 그 시대의 여성들은 왜 아직까지 자신들의 주체적 권리를 쟁취하지 못한 것일까. 인종차별은 쉽게 철폐될 수 있어도 남녀평등은 쉽게 쟁취할 수 없는 것인가. 하긴 역사 이래 모든 문화권에서 나타난 가부장제의 현존을 생각하면 그렇기도 하다. 한편, 현재의 페미니즘적 시각을 작품에 충분히 반영하고자 했다면, 여성의 주체적 권리가 부각된 작품으로 만들 수도 있지 않았을까. 왜 로맨스 속 여성의 주체성은 항상 관능의 표현으로만 국한되는 것일까. 〈아웃랜더〉부터 시작해서 로맨스 속 페미니즘은 섹스 장면을 얼마나 여성적 시각으로 찍었느냐, 여기에만 집중되어 있다. 결국 여성향 로맨스 작품 속에서 여성의 시야는 정신적 사랑에서 육체적 사랑으로만 넓어졌을 뿐 그 이상의 진전을 이루어내지 못한 것일까.

게다가 역사를 현재적 시각으로 재해석하는 것 자체의 문제에 대해서도 생각해 보아야 한다. 역사의 한계를 현재의 소망으로 새롭게 해석하는 것은 문화적 관점에서 충분히 가능한 일이고, 이러한 새로운 상상을 통해 우리는 기왕의 역사가 우연일 뿐 필연은 아니었다는 점을 인식할 수 있게 된다. 하지만 가끔은 역사를 재해석하면서 역사를 현재의 관점으로 식민화하는 문제가 발생한다. 현재의 잣대로 역사를 평가할 경우, 역사는 그 자체의 고유성을 잃어버리고, 문제적 지점을 드러내지 못하게 된다. 흑인 배우의 기용으로 물리적으로만 흑인의 노출을 증가시킨다고 19세기 흑인 노예 문제가 사라지지는 않는다. 오히려 흑인 노예의 문제를 문제로 다루지 못하고, 현재의 정치적 올바름이라는 관점 아래 역사를 왜곡함으로써 그 문제를 없었던 것처럼 취급할 위험에 처하는 것이다.

다른 시대극 로맨스 작품은 오히려 역사적 시대의 한계를 부각시키고 드러내는 방식을 취했다. 〈다운튼 애비(Downton Abbey)〉에서는 귀족과 하인의 명백한 계급 차를 드러내었다. 지하의 하인과 지상의 귀족이라는 공간적 구조를 미학적으로 활용하면서, 두 계급 각각의 윤리와 직분을 드러내는 동시에 이러한 계급 구조가 가진 한계가 시대의 변화에 따라 어떻게 깨어지는지도 보여주었다. 〈아웃랜더〉 또한 2차 세계대전을 치른 현대 여성이 타임슬립을 통해 18세기 영국, 19세기 미국으로 가게 되지만, 그 당시 여성이 처한 열악한 현실을 가감 없이 경험하고, 이는 오히려 여성의 인권 문제를 각성시킨다. 여주인공 클레어와 그녀의 딸인 브리아나 모두 타임슬립을 통해 과거에 도착하자 강간 위기에 처하고, 실제 브리아나는 강간을 당해 원치 않는 아이를 낳기도 한다. 이렇게 시대극 로맨스는 역사의 실제적인 한계를 드러내면서도 여성이 처한 문제적 상황, 그리고 계급의 문제, 더 나아가 인종차별의 잔인함도 드러낼 수 있는 것이다.

흔히 번역을 둘러싼 문제를 직역이냐 의역이냐로 단순화하여 정리한다. 각각의 장단점이 있다. 의역은 낯선 외국 작품을 독자의 문화적 맥락 속에서 자연스럽고 편하게 받아들이게 한다는 점이고, 직역은 낯선 외국 문화를 있는 그대로 전달하기 때문에 독해에는 어려움이 있을지라도, 독자의 현실과는 또 다른 문화가 있다는 것을 받아들이게 한다. 현실의 정치적 올바름을 통해 과거를 재해석하는 문제 또한 이러한 번역의 고민과 맞닿아 있을지도 모른다. 과거를 현재의 입맛에 맞게 변형시킬 것인가, 과거의 불편함을 있는 그대로 드러낼 것인가. 〈브리저튼〉은 이러한 선택지 중 현재의 정치적 올바름을 표면적으로 드러내는 방식을 택했지만, 사실 그 시도가 성공적이었는지는 의문이다. 다만, 로맨스의 장르적 관습, 역사적 고증, 현실의 정치적 올바름 이 모든 것을 잡으려고 하다가 만들어진 균열 속에서 인종차별과 여성 인권에 대한 논쟁이 활발하게 제기된다면, 그래서 로맨스 시청자들도 리젠시 로맨스가 가진 일정한 편향성에 대해 한 번쯤 생각해 볼 수 있다면, 이 정도만 해도 충분하다고 할 수 있을까. 중요한 것은 이러한 논쟁과 고민이 계속 이어져야 한다는 것이다.

완벽한 여자가 잃은 것

▶

한국판 〈부부의 세계〉와 영국의 〈닥터 포스터〉

2020년 JTBC에서 방영된 〈부부의 세계〉는 영국 BBC1에서 방영했던 〈닥터 포스터(Doctor Foster)〉를 원작으로 삼았다. 원작은 2015년에 시즌1을, 2017년에 시즌2를 각각 5개의 에피소드로 만들었다. 보통 6~10개의 에피소드로 한 시즌을 완성하는 영국 드라마의 분량치고는 짧은 편이나, 강렬한 서사로 영국에서도 큰 인기를 얻었다. 〈부부의 세계〉 또한 시청률 20%대 중반을 오고 가며 시청자들을 빨아들였다. 물론 유튜브 스타 박막례 할머니께서 〈부부의 세계〉 리뷰 영상을 통해 "또라이의 세계" 하차 선언을 하기도 했지만 말이다.[*]

그럼에도 박막례 할머니는 본방에서 하차했을 뿐이지, 재방은 욕을 하며 계속 보신다. 〈부부의 세계〉는 이렇게 '욕하면서도 보는 명품 막장 드라마'로 자리 잡았다. 영국 원작 〈닥터 포스터〉도 한국에서는 막장 드라마로 이미 유명했다. 실제 원

---

[*] 박정민, 「박막례 할머니, 부부의 세계 하차 선언」, 『뉴스엔』, 2020.05.09.

작을 보다 보면, 남편에 대한 집착을 놓지 못하는, 증오에 가득 찬 여인의 복수를 만나게 된다. 이 복수는 어떻게 보면 통쾌하지만, 다른 한편으로는 미련스럽다. 배신당한 관계에 대한 미련을 버렸으면 싶은 지점들이 있는 것이다.

일상을 뛰어넘는, 그래서 드라마틱한 한 여인의 집착적인 분노와 복수의 감정은 도대체 어디에서 비롯되었을까? 원작의 극본을 쓴 마이크 바틀렛은 〈닥터 포스터〉의 주인공 젬마 캐릭터는 에우리피데스의 비극 〈메데이아〉 속 '메데이아'라고 설명한다.* 메데이아는 자신을 배신한 남편 이아손에 대한 집착적인 사랑과 분노로 자식까지 죽이는 '마녀'로 알려져 있다. 영국 드라마 속 젬마 캐릭터를 그리스 비극 속 메데이아 캐릭터와 겹쳐서 보는 순간, 젬마가 명쾌하게 이해되는 지점이 생긴다.

그런데 〈부부의 세계〉 속 주인공 지선우는 그리스 비극 속 메데이아와도, 영국 원작 속 젬마와도 잘 이어 붙지 않는 이상한 균열을 드러낸다. 한국판 드라마에서 서사의 진행은 거의 영국 원작을 따라간다. 초반부 1회에서 5회는 영국 드라마 시즌1을, 6회부터는 시즌2의 서사를 반영한다. 물론 영국 드라마가 클래식 드라마의 5단계 구성 '발단-전개-위기-절정-결말'을 따라 시즌1, 2가 각각 5개의 에피소드로 구성되어 있기 때문에, 한국의 16부작 드라마를 완성하기 위해서는 원작

---

* Mark Lawson, "The Plot of Doctor Foster is actually 2,500 years old", *RadioTimes*, 2018.03.14.

의 창조적 각색이 필수적이었다. 그러나 한국 드라마는 서사의 진행뿐만 아니라 주인공의 캐릭터 또한 원작과는 다른 방향으로 변형시켰다.

여기서부터 〈부부의 세계〉는 묘한 불균형을 내재한다. 메데이아에서 젬마로 이어지는 캐릭터를 한국 드라마 주인공 지선우로 바꾸면서 〈부부의 세계〉는 이상한 불편함을 자아낸다. 이와 더불어 지선우를 둘러싼 주변 인간관계도 원작과는 달라지며 감정을 복잡하게 만든다. 이런 부분들이 아마도 현재 한국 드라마로 재현되는 한국의 정서를 가장 흥미롭게 보여주는 지점일 것이다.

메데이아 이야기의 변화: 남편을 얻고, 자식을 잃었네

〈닥터 포스터〉의 젬마와 〈부부의 세계〉의 지선우는 모두 '완벽한 여자'다. 다만 젬마의 완벽은 완벽주의적인 성격을 나타내는 반면, 지선우의 완벽함은 말 그대로 모든 것을 다 갖춘 여자임을 의미한다. 지선우는 아름답고 똑똑하며 멋있다. 직업에 가정에 좋은 이웃까지 모든 것을 다 갖췄다. 한국 드라마에서 지선우라는 여주인공은 문제없는 인물처럼 설정된다. 비록 부모의 사고로 인한 트라우마는 있지만, 그 문제는 남편 이태오가 지선우를 무너뜨리기 위한 약점으로 이용하거나 지선우가 극단의 선택을 하지 않도록 도와줄 뿐, 지선우를 부정적으로 바라보게 하지 못한다. 모두가 선망하는 아름다운 여자라는 정체성이 한국 드라마 속 지선우라는 주인공의 가장 중요한 속성이 된다.

하지만 젬마의 완벽함, 즉 완벽주의 성격은 주변 사람들을 질리게 만든다. 젬마가 남편 사이먼의 외도를 알게 되고, 주변 친구들에게 배신감을 느끼며 분노할 때, 이웃집 애나는 말한다. 젬마의 완벽주의 성격 그리고 주변을 완벽히 자기 의도대로 통제하려는 성격이 주변 사람들을 얼마나 힘들게 하는지에 대해서. 아들 톰 또한 젬마의 성격을 이렇게 표현한다. "엄마는 원하는 것을 얻지 못하면 터미네이터처럼 변해." 이야기 초반부터 드러나는 젬마의 성격적 결함이자 특징은 젬마가 왜 사이먼에 대한 복수에 집착하는지를 잘 보여준다. 사이먼과 그의 새 가정을 무너뜨리기 위해 '증오 섹스'의 덫을 놓을 만큼, 젬마는 남편에 대한 복수에 집중한다. 그러면서 젬마는 점점 자신의 일상 또한 망가뜨린다. 일에도 집중하지 못하여 직장에서도 문제가 생기는 것이다.

〈부부의 세계〉의 지선우 또한 남편 이태오에 대한 복수에 집중한다. 그러나 이태오가 고산시로 돌아온 이후, 즉 원작의 시즌2에 해당하는 이야기가 진행되면서 지선우는 젬마와 확실하게 다른 노선을 선택한다. 이혼 후 2년이 지나고 성공한 남편이 고향에 돌아왔을 때, 영국 남편 사이먼은 젬마에게 이렇게 말한다. "3년 전 옷 그대로군, 남자도 안 만나나 봐." 젬마는 남편과 헤어지고 워커홀릭으로 지내면서 정서적으로, 성적으로 피폐한 시간을 보냈다. 이와 달리 한국 남편 이태오는 지선우를 보자마자 이렇게 말한다. "여전히 멋있군." 한국 드라마 여주인공은 제작 환경상 아름다울 수밖에 없다. 옷을 갈아입어야 하기 때문이다. 지선우는 배우 김희애를 통해 이루어지는 화려한 패션쇼를 완성시켜야 했기에, 회차마다 시청자들의 쇼핑 욕구를 불러일으키는 수십 벌의 옷을 갈아입으며 아름답게 살아간다. 간호사들은 부원장 지선우의 남편이 돌아온 것을 알자, 오히려 이렇게 수군거린다. "부원장님 메이크업 너무 힘준 것 아니니." 이렇게 지선우는 어떤 상황에서도 아름다운 여자로 그려진다.

그리고 아름다운 여자는 언제나 남자의 사랑을 받아야 한다. 한국판 드라마가 영국 원작과 가장 다른 지점은 바로 김윤기의 존재이다. 영국 드라마에서는 여성 동료 시안이 새로 온 의사이자 아들 톰을 상담해 주는 의사로 나온다. 그러나 한국 드라마에서는 그 역할을 돌싱 연하남 김윤기가 맡는다. 남편의 불륜으로 이혼한 여주인공이 능력 있는 연하남을 만나 남편에게 상처받은 삶을 보상받는다는 한국 불륜 드라마의 클리셰가 여기서 그대로 재연된다. 그래서 차가운 바닷속에서 남편에 대한 처절한 복수를 결심하고 여전사처럼 홀로 걸어 나온 젬마와 달리, 지선우는 김윤기의 품속에 안겨서 구출된다. 심지어 지선우는 전남편의 사랑도 받는다. 영국 드라마가 아내 젬마의 집착과 분노를 다루었다면, 한국 드라마는 남편 이태오의 집착과 미련을 보여준다. 이태오는 아들을 핑계로 지선우를 만나고, 서로의 미련을 확인하는 섹스를 하고

난 후, 계속 지선우만 찾는다.

모든 남자의 사랑을 받는 한국 드라마 여주인공 지선우는 이제 복수의 화신 메데이아가 아닌, 아름답지만 남편에 의해 상처를 받은 무고하고 불쌍한 피해자로 남게 된다. 지선우가 불쌍하다는 것이 시청자들의 공감 포인트가 되며, 이 여자를 무조건 도와주고 지지해주는 든든한 김윤기가 존재한다는 것이 안심 혹은 희망 포인트가 된다. 젬마의 복수는 처절하다. 자신을 망가뜨리면서까지 남편을 넘어뜨리려 한다. 술에 취해 밤거리를 전전하며, 남편에게 보여주기 위해 급하게 애인을 만들고, 남편의 가정을 깨뜨리기 위해 의도적으로 섹스를 유도한다. 이런 젬마에게 사이먼은 "불쌍해(pathetic)"라는 말을 던진다. 하지만 지선우는 시청자에게는 불쌍할망정, 극 중 모든 남자들에게는 여전히 사랑받는 여자로 남는다. 김윤기도 이태오도 지선우의 곁을 떠나지 못한다. 지선우는 남자들의 사랑을 얻었다. 이 점이 지선우가 메데이아인 젬마 캐릭터와 갈라지는 지점이다.

그러나 결국 자식을 잃는 것은 똑같다. 완벽한 여자이자 사랑받는 여자인 지선우가 가지지 못한 유일한 것은 엄마라는 역할 같다. 〈부부의 세계〉는 제목과 달리 '부모의 세계'가 더욱 중요한 작품이다. 원작도 젬마의 집착적 복수로 인해 아들이 어떻게 망가져 가는가를 섬세하게 묘사한다. 그런데 한국 드라마 속 아들 이준영은 엄마의 완벽함으로 인해 망가져 간다. 지선우는 아들만을 생각하는 헌신적 엄마처럼 그려진다. 하지만 실상 지선우는 아들과의 관계를 제대로 끌고 가지 못한다.

지선우는 아들의 성적과 학원 걱정만 하고, 김윤기가 아들을 위해 시간을 가지라고 했을 때도, 돈이 있어야 아들을 제대로 키울 수 있다면서 직장생활을 우선시한다. 지선우가 아무리 아들, 아들 해도 그것이 진짜 사랑이라고 와닿지 않는 이유는 이 때문일 것이다. 지선우의 아들 사랑은 JTBC 드라마 〈스카이 캐슬〉에 나오는 엄마들의 목적론적 사랑에 맞닿아 있다. 지선우는 고산을 떠날지 말지를 결정해야 할 때, 모든 것을 준영이가 원하는 대로 하겠다고 하면서(사실 이 장면도 아들을 사랑하는 엄마의 모습이라기보다, 복잡한 문제를 아들에게 책임 전가하는 모습처럼 보인다), 정작 준영이가 친구 해강과 문제를 일으켰을 때는 학교폭력위원회로 문제가 넘어가는 것을 막겠다는 일념 하나로 '아들의 의사를 묻지 않고' 해강 부모님 앞에서 무릎을 꿇어 준영을 부끄럽게 한다. 이 장면에서 불륜녀 여다경이 등장하여 사건을 해결함으로써 지선우는 세상 불쌍한 '여자'가 되었지만, 준영에게는 세상 끔찍한 '엄마'가 되었다.

지선우는 사랑받는 여자이지만, 실패한 엄마이다. 이 모든 것은 한국 드라마의 클리셰에서 비롯되었다. '남편의 불륜-비참한 이혼-조강지처의 각성-조강지처의 통쾌한 복수'로 이어져야 하는 한국 불륜 드라마에서 조강지처는 이혼의 과정에서 느낀 여자로서의 절망감을 보상받기 위해 능력 있는 연하남을 만나 미모를 회복하고 당당하게 살아가야 한다. 하지만 이러한 이혼 이후의 생활 속에서 청소년 자녀들이 겪는 혼란과 문제는 잘 그려지지 않는다. 한국 드라마에서 청소년의 문제는 여전히 교육열 과잉 부모와의 불화 정도로만 다루어지는 것 같다. 특히 JTBC는 교육 문제를 전면에 내세운 〈스카이 캐슬〉 외에, 학원물 〈열여덟의 순간〉에서도 갈등의 핵심을 교육으로 잡았다. 그렇기 때문인지 불륜 드라마의 클리셰를 수행하는 지선우 캐릭터는 아들을 대하는 방법을 잘 모른다. 아들이 대화를 하려고 다가와도 교육 문제로 화제를 돌려서 아들이 마음의 문을 닫게 한다. (어쩌면 이게 한국의 현실 속 중2 부모의 실제 모습일 수도 있겠다.)

〈부부의 세계〉는 원작의 메데이아 캐릭터를 벗어나서, 한국적 정서에 맞춰 사랑받는 여자, 자식을 사랑하는 엄마로 지선우를 재정립하였지만, '아들에 대한 사랑'이라는 주제를 이해하는 폭이 좁았다. 자녀와의 대화는 교육 문제에 한정되고, 자녀를 위한다는 행동은 자녀의 일탈과 반항에도 무조건 희생하는 헌신적인 구세대적 어머니의 모습에 멈춰 있다. 이것이 한편으로는 한국 사회의 현실을 반영한 것일 수도 있으나, 다른 한편으로는 한국 드라마가 만들어 놓은 전형적인 클리셰의 단순한 반복이 아닐까, 라는 의문도 든다.

여성 혐오의 이야기: 사랑을 얻고, 친구를 잃었네

다시 원작의 의도로 돌아가 보자. 원작 작가 마이크 바틀렛은 앞선 인터뷰에서 〈닥터 포스터〉의 젬마를 메데이아의 '재해석'이라고 하였다. 여기에서 중요한 점은 작가가 메데이아 캐릭터를 현대적으로 새롭게 해석하고자 했다는 것이다. 그 핵심은 바로, '광녀(mad women)와 마녀(witches)에 대한 여성혐오자(misogynist)의 생각을 업데이트'하고 싶었다는 데에 있다.

〈닥터 포스터〉는 우선 마녀로 알려진 메데이아인 젬마의 내면에 공감하며 그녀의 복수를 받아들이게 만든다. 자신을 배신한 남자에 대한 분노와 증오, 그리고 그 부정적 에너지가 계속될 동안 이어지는 집착, 그로 인한 자신의 파괴와 자신이 가장 소중하게 여기던 아들의 파탄을 괴물처럼 그려내는 것이 아니라, 완벽주의자이자 경쟁심이 강한 한 인간의 내면적 결함으로 그려내는 것이다. 메데이아인 젬마는 일상 속 어디에나 존재할 수 있는 인간일 뿐이다.

더 나아가 젬마는 그런 성격적 결함에도 불구하고, 이웃과 친구들의 지지를 획득한다. 처음에는 젬마의 성격에 문제가 있다고 지적했던 애나도 젬마가 이혼하는 과정을 지켜보면서 결국 젬마를 이해하고 돕는다. 젬마에게 사이먼의 외도 사실을 알리지 않았던 동료 여의사도 젬마가 어려움을 겪을 때마다 가식 없는 수다를 떨며 진심으로 소통하고 교류한다. 결정적으로 아들 톰이 엇나가기 시작했을 때, 톰의 상태를 알려준 것은 새로 온 동료 의사 시안이다. 시안과 젬마는 처음에 서로에게 좋지 않은 감정을 가지고 있었으나, 시안 또한 이혼을 하였다는 사실, 젬마가 톰 문제로 심각하게 고민하고 있다는 사실을 알게 되면서 서로 마음을 터놓는다. 젬마는 사이먼이 돌아와도 지역사회에서 배척당하거나 홀로 고립되지 않는다.

〈부부의 세계〉 속 지선우는 언제나 혼자다. 그리고 언제나 적에게 둘러싸여 있다. 그녀를 괴롭히는 것에는 남편 이태오도 있지만, 이혼녀를 둘러싼 지역사회의 궂은 소문들도 있다. 이를 보여주기 위해 한국판 드라마는 굳이 '여우회'라는 단체를 만들어 지선우를 괴롭힌다. 지선우는 이태오에게 복수하기 위해 여다경이 속해 있는 여우회에 애를 써서 들어가지만, 사실 여우회는 지선우에게 어떤 복수의 기회도 제공해 주지 않는다. 오히려 여다경의 배포를 보여준다. 지선우와 관련된 멋진 장면은 지선우가 총을 든 전사의 모습으로 한 컷 잡힐 때뿐이다. 여우회는 지선우를 공격하는 온갖 소문들을 보여주는 역할만 한다. 여우회는 남편과 권력 있는 아버지라는 배경을 가진 여다경과 아무것도 없는 지선우의 대립이 이루어지는 표면적 공간이지만, 그 근본을 파고들면 남편 있는 여자와 남편 없는 여자의 대립 구도가 기저에 깔려 있다. 여우회는 남편 있는 여자들의 텃세와 거기에 희생당하는 미혼녀와 이혼녀의 모습을 보여주는 공간이 된다.

여우회의 보수적인 세계에서 배제당하는 미혼녀와 이혼녀는 그렇다면 함께 나아갈 수 있는가. 아니다. 직장 동료 설명숙은 처음부터 지선우를 질투하고, 부원장 자리를 놓고 지선우와 대립한다. 이웃 고예림은 자신의 남편과 잠자리를 함께한 지선우를 증오한다. 병원 원장의 아내는 늦은 시간에 자기 남편과 이혼녀 지선우가 단둘이 술을 마셨다는 사실에 불안해하며 지선우를 공격한다. 지선우를 둘러싼 여자들은 모두 지선우의 적일 뿐이다. 지선우를 질투하고, 그녀의 몰락을 즐긴다.

이후에 설명숙과 고예림이 지선우와 함께하기는 한다. 하지만 그것이 설명숙과 고예림이 자신이 원했던 것을 모두 잃은 뒤라는 점, 즉 설명숙은 부원장 자리를 얻지 못할 거라는 현실을 직시하고 고예림은 남편과의 이혼을 결심한 이후라는 점, 소위 정상적이라 불리는 지역사회 관계망 속에서 밀려났을 때라는 점이 더욱 중요하다. 이는 결국 여성들의 연대는 무언가를 박탈당한 사람들의 사이에서만 가능하다는 뉘앙스를 풍긴다.

특히 싱글인 설명숙은 권력이 있는 남편을 가진 여자들과만 친하게 지낸다. 물론 그녀의 이런 행동 방식은 생존의 문제로 설명된다. 결혼 안 한 여자는 부원장이 될 수 없다는 원장의 보수적인 한마디에 설명숙은 여성비하를 하지 말라는 사이다 발언을 하며, 남편과 자식이 없기 때문에 싱글녀는 돈을 더 벌어야 한다고 말한다. 하지만 설명숙의 이런 진취적 발언이 그간 설명숙 캐릭터가 행한 모든 행동을 정당화할 수는 없다. 그녀는 자신에게 필요한 상황에 맞춰 행동하고 발언하는 인물형일 뿐이다.

그렇다면 〈부부의 세계〉는 모든 남성의 사랑을 받는 지선우가 모든 여성들에게 공격받는 드라마가 된다. 전형적인 여성혐오의 세계이지 않은가. 현재 로맨스 드라마에서는 이러한 여성 혐오의 세계관을 변화시키기 위해 진보적인 여성 캐릭터들이 새롭게 창조되고 있다. 하지만 '명품'을 내세운 한국 불륜 드라마의 문법 속에서는 여전히 남성의 보호를 받는 여성, 여성을 공격하는 여성에 대한 클리셰가 잔존한다. 그러면서도 새로운 시대의 흐름에 맞춰 불쑥불쑥 여성의 카리스마, 여성 비하에 대한 사이다 발언, 남성들의 이기심에 대한 분노를 드러낸다. 이러한 요소들은 서사에 잘 녹아들고 있지 않아서 어색하게 느껴진다. 아마도 '연애'를 그린 로맨스에서는 남녀 관계의 진취적 변화가 잘 그려지지만, '가정'을 그린 불륜 드라마에서는 아직 그게 어려운지도 모르겠다.

마녀 메데이아에 대한 현대적 해석을 통해 여성의 우정과 연대까지 보여주고자 했던 영국 드라마 〈닥터 포스터〉는 〈부부의 세계〉로 정착하면서 무엇을 잃어버렸는가. 그리고 무엇을 얻었는가. 〈부부의 세계〉는 영국 원작 속 메데이아의 현대적 재해석과 한국 불륜 드라마의 클리셰가 불완전하게 결합되어 공존하고 있다. 이 불편한 공존 속에서 시청자들은 공감하고 욕을 하며, 뜨겁게 호응하고 있다. 그 호응은 아마도 이 드라마의 전형성이 주는 익숙함에 대한 공감이 아니라, 드라마가 던져 놓은 문제적 캐릭터들의 내면 균열이 제공하는 논란에 대한 집중이 아닐까. 이 불편한 드라마에 대한 논란과 논쟁이 바로 한국의 현재와 현실을 반영하는 것은 아닐지 생각해 본다.

연애의 내부와 외부

▶

한 명의 배우, 두 편의 로맨스 드라마

한동안 범죄, 스릴러, 판타지 등의 장르물에 밀려 주춤하던 로맨스 드라마가 다시 인기를 회복하기 시작했다. 웹툰을 원작으로 한 〈홍천기〉와 〈유미의 세포들〉에서부터 2000년대 초의 영화를 리메이크한 〈갯마을 차차차〉까지, 시간을 넘나들고 캐릭터에 상상력을 더한 다양한 유형의 로맨스 작품들이 시청률과 화제성에서 모두 상위에 올랐다.

이 세 작품을 보다가 우연히 겹치는 장면이 눈에 띄었다. 공교롭게도 〈유미의 세포들〉과 〈갯마을 차차차〉의 비슷한 회차에 한 명의 배우가 비슷한 역할을 담당하며 동시 출연한 것이다. 〈갯마을 차차차〉에서 윤혜진의 대학 시절 첫사랑인 지성현의 역할을 맡은 배우 이상이는 〈유미의 세포들〉에서도 여자 주인공 김유미의 전 남자친구 지우기의 역할을 맡으면서 등장한다. 이상이는 〈놀면 뭐하니〉의 'MSG워너비' 프로젝트 멤버로 활약하면서 한창 주가를 올리고 있는 배우였기에 비슷한 시기에 두 드라마에 출연하는 것이 그렇게 색다를 일은 아니다. 그런데 한 배우가 여자주인공의 '전 남자'라는 역할을 맡으면서 다른 두 작품에 동시에 등장하니, 이 두 작품의 차이가 한눈에 드러났다.

상처가 되는 관계, 〈유미의 세포들〉

〈유미의 세포들〉은 이동건 작가의 웹툰을 원작으로 하여 제작한 드라마다. 여자주인공 김유미가 연애를 하고 헤어지고 새로운 남자를 만나는 과정을 일상물 웹툰 특유의 문법을 기반으로 하여 보여주는 작품이다. 이 작품이 이채로웠던 것은 이러한 일상물 속에서 큰 역할을 담당하는 1인칭 내레이션을 모두 유미 몸속에 존재하는 세포들의 대화와 행동으로 표현했다는 점이다. 이렇게 세포들을 인격화하여 유미 내면의 복잡한 심경이나 결단 등을 보여주면서 웹툰 『유미의 세포들』은 큰 인기를 얻었다. 일단 세포들의 세계가 너무나 귀여웠고, 세포들을 통해 드러나는 유미의 내면이 연애를 시작하고, 연애를 진행 중인, 그리고 이별을 고민하는 모든 사람들이 충분히 공감할 만한 내용이었기 때문이다.

드라마 〈유미의 세포들〉은 웹툰 원작을 충실하게 드라마로 옮기고 있다. 인물 설정이나 이야기 전개의 순서를 거의 바꾸지 않고 구현해 내며, 드라마의 진행도 한 회차에 20~30분 정도 분량의 에피소드 두세 개가 배치되는 방식으로 구성하여서, 웹툰의 에피소드별 진행의 특징이 잘 살아나도록 하였다. 보통 한 작품을 매체 전환하여 새로운 작품으로 만들 경우, 전환되는 매체의 성격에 맞춰서 인물 및 이야기에 적극적인 수정과 개입이 필요한 경우가 많은데, 〈유미의 세포들〉은 그러한 수정 없이도 원작의 재미를 제대로 보여주고 있다. 다만, 일상의 사소한 고민과 생각을 담아내는 일상툰의 문법이 익숙한 웹툰에서 이 작품을 보다가, 극적인 사건들을 중심으로 문제가 제시되고 해결되는 극 양식인 드라마를 통해 작품을 보니, 의외로 〈유미의 세포들〉에 그려진 인간관계의 양상과 연애 고민에서 약간 피곤하게 느껴지는 부분이 보였다.

〈유미의 세포들〉은 '연애의 내부'를 확대해서 보여주는 작품이다. 약간은 소심하지만 사랑하는 사람들과의 관계를 중요하게 생각하는 유미의 프라임 세포, 즉 유미의 일상을 주요하게 결정짓는 핵심 세포는 '사랑 세포'이다. (실제로는 '출출이 세포'가 유미의 프라임 세포라는 생각이 들기도 하지만 말이다.) 그래서 유미는 사랑을 시작하면 남자친구가 우선순위 1위로 올라선다. 심지어 자기 자신에 대한 중요도보다 남자친구에 대한 중요도가 높다. 이렇게 유미의 우선순위에 따라 유미 마을의 모든 세포들은 사랑의 관계를 행복하게 풀어나가기 위해 노력한다. 이 과정에서 유미의 내면, 즉 사랑을 하는 사람의 내면에서 일어나는 모든 복잡한 심경이 디테일하게 그려진다.

유미의 내면을 요동치게 하는 것은 유미 스스로의 욕망이기도 하지만, 대부분 외부적 자극이다. 유미의 마음을 힘들게 하는 것은 같은 회사 동료 우기를 두고 신경전을 벌이는 루비이기도 하고, 우기를 포기하고 만난 현재 남자친구 구웅의 회사 동료 새이이기도 하다. 또는 유미의 연애를 믿어주지 않는 대학 동창들, 그리고 결정적으로 유미를 배신하고 헤어진 주제에 유미 눈앞에 나타나서 은근슬쩍 호감을 표시하는 전남친 지우기다. 유미의 연애는 끊임없이 삼각관계에 휘말리고, 한 남자를 둘러싸고 벌이는 신경전으로 소모된다. 유미에게 주변 사람들이란 유미를 피곤하게 만드는 존재들일 뿐이다.

그 대표적인 예가 배우 이상이가 연기한 전남친 지우기 캐릭터이다. 전남친 지우기는 유미에게 헤어지는 이유도 제대로 말해주지 않고 도망쳤다. 그런 지우기를 끝까지 따라가서 알게 된 진실은 지우기가 다른 여자와 바람을 피우고 있었다는 사실이다. 그랬던 전남친이 대학 동창의 결혼식에서 유미에게 다시 호감을 표시한다. 유미는 이러한 전남친 앞에서 자존심을 지키기 위해 현 남자친구 구웅에게 불가능한 시간을 내서라도 자기 친구 결혼식에 꼭 같이 가자고 부탁한다. 이 에피소드의 핵심은 물론 구웅이 얼마나 괜찮은 남자친구인가, 라는 점이다. 전남친 지우기 앞에서 눈치껏 유미와 결혼할 것처럼 행동해 주는 구웅을 보고 유미는 구웅과 진짜 결혼하고 싶다는 생각을 한다. 반면에 전 남자친구 지우기는 유미의 분노유발자일 뿐이다. 그는 유미에게 함부로 들이대고 자신의 결혼을 자랑한다. 유미를 지금도 자신의 마음대로 좌지우지할 수 있는 대상처럼 가지고 노는 것이다.

이렇게 배우 이상이가 〈유미의 세포들〉에서 보여준 전남친 역할은 관계에 대한 회의감을 느끼게 한다. 지우기는 자신의 욕망 충족을 위해서 타인의 기분을 신경 쓰지 않거나, 타인을 교묘하게 괴롭히는 사람이다. 그리고 끊임없이 관계의 역학 속에서 자신이 더 나은 위치를 차지하려고 상대방에게 상처를 준다. 상대보다 우위를 차지하는 방법은 감정적인 공격, 그리고 사회적 지위 및 조건에 대한 자랑 등이다.

그런데 이런 특징이 단지 전남친 지우기만의 것은 아니다. 회사 후배 루비, 구웅의 여자 사람 친구인 새이, 유미의 대학 친구들, 모든 인물이 다 얄미운 존재들이다. 〈유미의 세포들〉에서 유미 마을의 세포들이 보여주는 귀여움을 걷어내고 나면, 우리는 인간관계에 대한 회의감을 보게 된다. 인간관계가 이렇게 피곤한 일이라면, 아마 연애 또한 쉽지 않은 일일 것이다. 유미의 연애는 남자친구의 배신 혹은 남자친구에 대한 불신으로 헤어지는 과정을 되풀이한다. 물론 웹툰 원작에서 유미는 세 번째 남자친구 순록을 만나 행복한 결말을 맺지만, 왜 유미의 연애는 이렇게 끊임없이 인간들에게 상처받는 방식으로만 그려지는 것일까. 이렇듯 인간에 대한 불신을 바탕으로 그려지는 〈유미의 세포들〉에서, 연애는 피곤하게 느껴진다.

에너지가 되는 관계, 〈갯마을 차차차〉

하지만 〈갯마을 차차차〉에서 배우 이상이는 전혀 다른 캐릭터를 연기한다. 여기에서도 이상이는 삼각관계의 한 꼭짓점을 담당하며, 여주인공 윤혜진과 남주인공 홍두식(홍반장)의 관계를 뒤흔드는 역할을 한다. 윤혜진의 첫사랑으로 등장하면서 그에게 다정하게 호감을 표시하고 자신의 마음을 솔직하게 고백하면서, 홍두식의 마음을 불안하게 만들어 홍두식이 각성하게 한다. 결과적으로 이상이가 맡은 첫사랑 지성현 PD는 윤혜진에게 거절당한다. 그리고 윤혜진은 홍두식과 연애를 시작한다.

윤혜진과 홍두식의 연애도 순탄치만은 않다. 일단 조그만 시골 마을에서의 연애이니, 모든 사람들에게 일거수일투족이 노출된다. 홍두식의 생일날에도 둘은 오붓하게 있을 수 없다. 동네 사람들이 모두 모여 두식의 생일을 축하해 주기 때문이다. 이 둘의 연애는 수많은 이들에게 둘러싸여 있기 때문에, 서울생활에 익숙한 윤혜진에게는 부담스럽다. 남녀 둘의 친밀한 관계가 개인적이고 사적인 영역에서 이루어지는 것이 아니라, 마을 사람들 사이의 공적인 영역에서도 노출된다는 것이 불편하다. 그러나 이 둘의 연애를 둘러싼 사람들은 두 연인을 방해하는 마냥 얄미운 역할만은 아니다.

역시 이러한 주변 인물들의 특징을 가장 잘 대표하는 역할이 배우 이상이가 맡은 지성현이다. 지성현은 윤혜진에게 거절당한 후 괴로워하지만 공진항에서 진행하고 있던 녹화 때문에 계속 공진항에 머물러야 한다. 게다가 홍반장과는 이미 신뢰가 쌓인 관계라서 윤혜진의 선택을 받은 사랑의 라이벌 홍반장을 쉽게 미워할 수도 없다. 이런 상황에서 윤혜진과 홍두식은 사랑 싸움을 한다. 사랑하는 사람의 모든 것을 알고 싶어 하는 혜진은 두식의 아픈 과거도 알고 싶어 하지만 두식 은 쉽게 털어놓지 못한다. 이로 인해 혜진이 두식에게 거리를 두자 두식은 괴로워한다. 그렇게 괴로워하는 두식 옆에서 지성현은 이렇게 말한다. 혜진이는 네가 어떤 말을 해도 있는 그 대로 다 받아줄 거라고. 너에게 실망하지 않을 거라고. 지성현 은 사랑에 있어서는 서툴지도 모르지만, 주변 사람들을 이해 하고 진심으로 함께할 줄 아는 성숙한 사람이다.

공진항의 모든 사람들이 그러하다. 모두들 오지랖이 넓어서 개인의 사생활을 불쑥불쑥 침범하는 무례함을 장착하고는 있 지만, 그래도 지켜야 하는 기본은 지킨다. 누군가에 대한 배려 가 그 기본이다. 두식이 고향에 돌아왔을 때, 속이 텅 빈 껍데 기만 남은 모습을 보고 마을 사람들은 두식이에게 어떤 일이 있었는지 묻지 않는다. 여화정의 깊은 괴로움을 아는 조남숙 은 이혼한 장영국과 여화정의 관계를 모른 척해준다. 그리고 그들은 윤혜진과 홍두식의 연애를 모른 척해주기도 한다. 모 두 타인이 잘되기를 바라기 때문이다.

이런 마을 공동체 안에 속해 있는 윤혜진과 홍두식의 연애 관계 또한 모든 마을 사람들의 응원을 받는다. 두식이 과거로 인해 혜진과의 관계가 서먹해졌을 때, 그래서 두 사람 모두 힘 들어하고 있을 때, 마을 사람들은 알지 못하게 이들에게 도움 을 준다. 혜진은 마음의 괴로움 때문에 여화정을 만나서 갑자 기 울어버린다. 여화정은 무슨 사정인지 캐묻지 않고 혜진을 집으로 데려가 밥을 먹인다. 그리고 혜진에게 사람 사이의 관계라는 것이 가지는 어려움, 사랑하는 사람들 사이에 마음을 드러내는 것의 어려움에 대해, 자신의 경험에 근거해 이야기해 준다. 이 대화를 통해 혜진은 두식이라는 사람이 나와는 다른 타인이라는 사실, 그래서 그 타인이 처해 있는 두려움을 나는 쉽게 이해하지 못할 것이라는 사실, 그렇기 때문에 타인이 스스로 마음을 열 때까지 배려하고 기다려야 한다는 것을 깨닫는다. 혜진과 두식의 연애는 이렇게 사람들을 통해 연결되고 유지된다. 그들의 연애는 외부로 활짝 개방된다.

　연애는 매우 사적인 일이어서 나만의 기분 롤러코스터일 수도 있지만, 연애는 또한 관계의 일종이어서 나와 네가 주고받는 핑퐁 게임이기도 하다. 연애를 하면서 나의 기분에만 집중하기 시작하면 연애를 둘러싼 모든 관계는 나에게 적대적일 수 있다. 그리고 나와 내 연인은 우리 둘만의 관계에 고립된다. 이런 적대적인 환경 속에 고립된 두 연인의 사랑은 과연 행복할까? 그렇지 않을 것이다. 모든 연애가 주변의 지지를 받아야 하는 것은 아니다. 그러나 연애라는 것이 이미 타인을 믿기로 마음먹는 결단에서 시작되는 것이라면, 고립보다는 연결을 추구해야 한다. 내 내부의 동요에만 집착하는 것이 아니라, 그 혼란스러움에 대해 상대와 이야기 나누고, 소통하며, 자신의 마음을 열어가는 태도가 필요하다. 타인을 타인으로 인정하고 서로의 다름을 받아들일 때, 연애는 가능해진다. 주변의 모든 사람들이 상처만으로 남는 관계에서 연애는 즐겁지 않다. 주변 사람들을 믿고 의지할 수 있을 때 나는 내가 사랑하는 사람을 이해할 수 있고, 연애는 더욱 즐거워질 것이다.

열정과 치유를 넘어선 공존, 사랑

¶

결연하게 사라진 피시버거-사랑은 열정이라는 낭만적 착각

김금희의 단편소설 「너무 한낮의 연애」(2016)는 제7회 젊은 작가상 대상을 수상한 작품으로, 2009년부터 본격적인 작품 활동을 시작한 김금희 작가의 대표작이다. 이 작품을 단순하게 표현하자면, 필용이라는 한 중년 남성이 20대 시절에 겪었던 사랑의 추억을 그린 이야기다. 20대 때 함께 어학원을 다녔던 양희라는 후배에게 어느 날 갑자기 "나 선배 사랑하는데"라는 고백을 듣고 당황하던 필용은 양희가 내일은 그 사랑이 어떻게 될지 모른다고 말하자 불안해진다. 그 후 필용은 날마다 "오늘은 어때?"라고 계속 양희의 사랑을 확인하다가, 다시 어느 날 갑자기 양희가 "아, 선배 나 안 해요, 사랑"이라고 말하자 혼란에 빠져버린다는 이야기다. 필용과 양희가 20대 때 맥도날드에 앉아 나누었던 사랑에 대한 위와 같은 대화는 사실 이 소설을 가장 인상 깊게 만드는 부분이다. 종잡을 수 없는 양희의 사랑 방식이 꽤 매력적이면서도 알쏭달쏭하여 해석의 의지를 불러일으키기 때문이다. 특히나 이 소설이 양희의 말을 전혀 이해하지 못했던 화자인 필용의 시선으로 진행되기 때문에 더욱 그러하다.

이 소설의 화자는 필용으로, 작품은 철저히 필용의 시선에서 진행된다. 그러므로 이 작품은 필용의 삶의 한 순간에서 일어난 위기와 성찰과 깨달음을 보여주게 된다. 모든 소설이 언제나 어떤 깨달음을 줘야 하는 것은 아니지만, 그래도 필용의 변화는 어떤 깨달음에 기반하고 있다. 필용은 대기업 영업팀장의 지위까지 올라갔다가 돈 처리 문제로 시설관리팀 사원으로 강등되는 징계성 인사 통보를 받게 된다. 사회적 위치의 전락, 소설의 주인공에게 시작된 위기다. 그의 위기는 20대 때 자신을 사랑한다고 했던, 자신도 어쩌면 사랑했을지 모르는 양희를 다시 재회하면서 어떤 변화를 겪는다. 그리고 양희가 공연하는 연극 무대에서 양희와 재회한 후 깨달음을 얻는다.

필용의 위기는 퀸의 노래를 부르며 "구해줘, 구해줘, 구해줘"를 반복하는 필용의 모습으로 형상화된다. 이랬던 필용이 이 소설의 마지막에 가면, "안녕이라는 말도 사랑했니 하는 말도, 구해줘라는 말도 지웠다"의 상태로 변한다. 이 작품은 '구해줘'를 부르며 울던 필용이 '구해줘'라는 말을 지우며 얻게 되는 깨달음에 대한 소설이다.

퀸의 〈구해줘〉를 부르며 우는 필용은 비장하고 결연하다. 20대를 떠올리며 들어간 맥도날드 매장에서 이제는 더 이상 피시버거를 팔지 않는다는 말에, 결연하게 사라진 피시버거를 떠올리며 그 비장함에 카타르시스를 느낀다. 필용에게 어떤 존재는 피시버거와도 같이, 있다가 비장하게 사라지는 것이다. 필용은 '있다/없다'의 이분법적 세계를 살아가는 인물이다. 필용에게 '있다'는 '하다'의 의미와 동일하다. 삶이 '있다'는 것은 사회에서 인정받는 무언가를 '한다'는 의미이며, 감정이 '있다'는 것은 낭만적 열정을 가지고 사랑을 '한다'는 의미이다.

필용이 살아가는 '있다=하다'의 세계는 철저히 목적 지향적인 삶을 추구한다. 무언가를 하고 있지 않으면 존재하지 않는 것이다. 회사에서 징계를 받고 사회적 명예와 위치가 사라진 채 존재의 가치 '없음'을 느낀 필용은 그래서 맥도날드에서 발견한 양희의 연극 현수막을 보고 그것을 운명의 계시라고까지 느낀다. 사회적 위신이 사라진 현재의 '없어' 보이는 삶을 20대 때 양희와의 사랑에 대한 추억으로 다시 '있어' 보이게 만들 수 있을 것이라고 확신하는 것이다. 이렇게 필용에게 사랑은 자신의 초라한 상태를 그렇지 않게 만들어 줄 수 있는 수단이다. 필용의 목적 지향적인 삶에서 사랑은 자기 존재의 '없음' 상태, 아무것도 할 수 없는 상태를 무언가를 할 수 '있다'는 열정을 지닌 상태로 변하게 만드는 원동력이다. 삶의 열정을 끌어올려 주는 사랑, 그 사랑은 열정을 기반으로 한 낭만적 사랑의 전형성을 담지하고 있다.

필용에게 사랑은 대중문화 속에 구현된 낭만적 사랑과 동일한 의미를 지닌다. 필용은 양희의 고백이 너무 덤덤한 데다가, 오늘은 사랑하지만 내일은 어떻게 될지 모른다는 말이 아무 생각 없는 즉흥적인 말이어서, 양희가 자신을 농락했다고 생각한다. 그리고 필용은 양희와 헤어지고 나서 〈나는 당신을 사랑하기 위해 태어났어요〉, 〈내 평생의 사랑〉과 같은 노래를 듣는다. 필용이 생각하는 사랑은 그런 것이다. 평생을 다 바쳐 운명의 상대를 만나는 것, 그래서 열정적으로 사랑을 표현하고, 무언가를 하는 것. 그렇기 때문에 양희가 자신의 솔직한 감정을 고백하였을 때, 필용은 "사랑하면 어떻게 되는 건데?"라고 묻는 수밖에 없었던 것이다. 무언가를 해야지만 사랑이라고 생각한 것이다.

그런데 사랑은 무언가를 꼭 해야만 하는 것일까? 썸을 타고, 고백을 하고, 데이트를 하고, 프러포즈를 하고, 결혼을 하고. 이 '하다'의 연속으로 이루어지는 행동들이 과연 사랑의 본질일까. 또한 사랑이라는 것은 이 모든 것을 할 수 있게 만드는 열정과 에너지로 가득 차야만 하는 것일까. 김금희의 「너무 한낮의 연애」는 '구해줘'와 같은 절박한 사랑을 외치며 울던 필용이 '구해줘'라는 말을 지워내고도 남는 그 어떤 사랑의 본질을 깨달아가는 이야기로 이뤄져 있다. 그래서 이 작품은 열정을 기반으로 한 낭만적 사랑의 도식이 사랑의 보편 공식으로 자리 잡았던, 그간의 사랑 문화에 대해 다시 생각해보게 만든다.

사랑하는 약자, 사랑받는 강자

필용은 낭만적 사랑의 도식을 그대로 따르는 것만이 진정한 사랑이라고 생각한다. 그래서 그는 뭔가 극적이고, 열정적이고, 뜨거운 연애를 바란다. 그리고 사랑을 하면 무언가를, 어떻게 해야 한다고 믿는다. 데이트를 하든, 섹스를 하든, 어떤 행위의 주고받음이 사랑이라고 생각한다. 이런 필용의 태도는 표면적으로 보면 매우 능동적이고 적극적인 모습 같다.

하지만 아이러니하게도 필용은 자신의 감정 앞에서는 매우 소극적이다. 그는 양희의 고백 이후 자신 안에서 일어나는 어떤 변화를 감지하지만, 그것이 무엇인지 들여다보지는 않는다. 그의 관심사는 오직 양희가 자신을 오늘도 사랑하는지다. 양희가 사랑한다고 말해주면 안심을 하지만, 양희가 사랑하지 않는다고 말할까 봐 늘 불안해한다. 전적으로 양희의 감정에 매달려 있다. 물론 필용도 양희와의 사랑에 대해서 고민하는 시간을 가진다. 그런데 그 고민은 매우 현실적인 조건에 대한 것이다. 필용이 양희와 사랑을 할지 말지를 결정하기 위해서 고민하는 것은, 양희가 자신의 애인으로 적합한 조건을 갖추었나, 이다. 양희가 자신의 허풍 섞인 이야기를 잘 들어주는 것은 좋으면서도 양희의 외모, 가난, 그리고 거기에서 묻어나오는 무기력은 싫다. 심지어 은근히 경멸스럽다. 양희와 같이 있는 순간, 양희가 자신을 사랑한다고 말하는 순간엔 불가해한 기쁨을 느끼면서도, 현실적인 조건들을 따지다 보면 결국 양희는 자신의 애인이 될 수 없다고 결론 내린다.

필용은 매우 영리하게 사랑의 조건들을 따져서 손해 보지 않는 연애를 하려고 한다. 그래서 필용은 양희가 해주는 사랑 고백을 매번 손쉽게 받아먹는다. 필용은 누군가 자신을 사랑한다고 말해 주는 순간의 기쁨을 받기만 한다. 누군가를 사랑하는 것은 한 사람의 존재 가치를 발견해 주는 일이며, 그의 가치를 아름답게 표현해 주려는 노력이어서, 상대의 존재를 밝게 빛나게 하는 원동력이 된다. 필용은 양희가 표현하는 사랑을 받기만 한다. 이를 통해 그는 매일매일 그의 존재 가치를 확인하고, 자신이 괜찮은 사람일 수도 있다고 여기며 삶의 만족을 얻는다. 그래서 필용은 양희의 사랑을 꼭 붙잡고 싶다. 낮은 자존감으로 허세를 부리던 자신의 결핍을 양희의 사랑으로 채우고 싶었던 것이다.

하지만 그 사랑은 양희의 사랑이었을 뿐이다. 그 사랑은 필용의 것이 아니었다. 연인 간의 사랑이란 상대가 주는 사랑을 받아먹기만 해서는 이루어지지 않는다. 사랑은 사랑의 감정을 나누는 두 사람이 함께 주고받으며 키워나가는 에너지다. 양희는 자신의 감정을 표현했고, 그 감정을 필용에게 끊임없이 나눠준다. 이와 달리 필용은 자신의 감정을 들여다보지 않는다. 자신이 양희를 사랑하는지 아닌지에 대한 질문을 던지는 것이 아니라, 양희의 조건에 대해서만 질문을 던진다. 그러면서 필용은 자신의 감정 에너지를 투여하지 않아도 그 사랑이 영원하기만을 바란다. 자신의 감정을 내어주지 않으면서 사랑이 지속되거나 커져나가기를 바라는 것은 비겁한 욕심이다.

필용은 사랑 앞에서 소극적이고 비겁했다.

　그가 가장 두려워하는 것은 자신의 마음을 들키는 것이다. 필용은 양희에게 분명 어떤 감정을 느꼈을 것이다. 당시 필용이 알지 못했을지라도 말이다. 구두쇠인 필용은 양희에게 자신의 돈을 썼으며, 허세 있는 자신의 모습을 드러내는 것을 부끄러워하지 않았고, 양희의 고백으로 마음이 흔들리기도 했다. 그래서 양희가 자신의 사랑을 철회한 후 그는 양희에게 매달리게 된다. 결국 그는 양희에게 고백을 하러 간다. 하지만 필용은 양희 앞에서 부끄러움을 느끼며 양희에게 "연민과 구애의 비틀어진 (자신의) 얼굴"을 보여주지 않으려 노력한다. 필용은 자신의 마음을 양희에게 보여주는 것을 부끄러워하거나 두려워한다.

　필용은 왜 사랑의 고백을 부끄러워하는 것일까. 사랑의 고백은 당신이 괜찮은 사람이라는 것을 표현하는 것이다. 이때 괜찮다는 의미는 항상 나'보다' 괜찮다는 의미를 내포하게 된다. 사랑하는 상대는 언제나 하찮은 나보다 빛나는 존재라서, 나는 그 사람 앞에만 서면 늘 부족하게만 느껴진다. 사랑은 자신을 낮추는 일인 것이다. 그런데 필용은 언제나 다른 사람에게 '있어' 보이기를 원하는 사람이었다. 그 '있어' 보임은 생존경쟁 사회에서 뒤처지지 않은 사람으로 보이기 위한 노력이었다. 그래서 그가 선택할 애인도 다른 사람들의 눈에, 생존경쟁 사회의 눈으로 봤을 때 '있어' 보여야 했던 것이다. 필용에게 삶은 끊임없이 우열 관계를 가리는 일, 남보다 더 나아 보이는 일이었다. 그런 그가 양희에게 사랑을 고백한다는 것은 자신이 양희보다 못한 존재라는 것을 알리는 일이었던 것이다.

사랑의 관계에서는 더 사랑하는 사람이 언제나 약자가 된다. 내가 그 사람을 사랑한다는 이유로 사랑하는 약자는 상대에게 많은 것을 내어준다. 사랑은 자신이 무언가를 내어줄 수 있음을 스스로 받아들여야만 가능하다. 물론 사랑은 낭만적 사랑에서 말하는 완전한 내어줌이 아니라 서로의 주고받음이지만, 어쨌든 주는 게 있어야 받는 게 생긴다. 필용이 끊임없이 따졌던 조건의 주고받음이 아니라 감정 에너지의 주고받음 말이다. 필용은 사랑을 주는 것을 두려워하였다. 상대의 가치를 인정해 주는 것을 일종의 패배라고 느꼈기 때문이다. 필용은 낭만적 사랑과 같은 뜨거운 감정의 열도를 원하지만, 그 감정의 열도를 끌어올리기 위해서는 자신의 사랑을 투여해야 한다는 것을 몰랐다. 그는 다른 사람이 자신의 가치를 발견해 주는 것만이, 사랑을 받는 것만이 사랑이라고 생각했다.

그 연극의 콘셉트는 힐링이 아니야-함께하는 사랑

생존경쟁이 치열해질수록, 우리의 자존감은 점점 약해져 간다. 언제 어디서나 우리는 무언가를 못한 사람, 무언가에서 실패한 사람으로 존재한다. 약해진 자존감을 강화시켜 주는 것은 칭찬이다. 내 스스로의 칭찬도 좋고, 타인의 칭찬도 좋다. 보통 우리는 타인의 칭찬에 더 후한 점수를 매기는 경향이 있다. 타인이 가장 많이 나를 칭찬해 줄 때는, 그 사람이 나를 사랑하는 순간이다. 우리는 사랑을 통해 칭찬을 받고 그렇게 자존감을 강화해 간다.

그래서 어느 순간 우리는 사랑이 힐링이라고 여긴다. 내 상처 난 마음을 위로하고 치유해 주는 힘이라고 생각한다. 다른 사람이 나에게 전해주는 좋은 에너지를 통해 나의 자존감을 키워나가려는 것이다. 그래서 필용은 양희의 연극 콘셉트를 힐링이라고 생각한다. 연극 무대에서 양희가 관객의 눈을 바라보며 관객의 마음을 읽어주고, 공감하며, 감정을 고양시키기 때문이다. 하지만 양희의 연극 콘셉트는 힐링이 아니다. 정확하게 말하자면, 배우가 관객을 위로하는 연극은 아니었다는 것이다. 일방적인 에너지의 투여가 아니라는 말이다.

양희의 연극 콘셉트는 공감, 공존, 혹은 함께함이다. 배우가 마주 앉은 관객과 눈을 맞추며 공명하는 그 순간의 에너지가 양희 연극의 전부이다. 관객과 배우가 모두 자신의 감정 에너지를 풀어낼 때, 두 사람은 무대 위에서 공명의 순간을 만들고 고양의 순간을 만들 수 있다. 사랑 또한 마찬가지다. 사랑은 어느 한 사람의 사랑만으로는 커져나갈 수 없다. 사랑은 호혜적 관계다. 나는 상대에게 너무 많은 것을 주지만, 상대도 언제나 자신을 초과한 무언가를 나에게 준다. 사랑은 언제나 불공평한 주고받음이다. 여기에서 방점은 불공평이 아니라 주고받음에 찍힌다. 끊임없는 함께함만이 서로가 계속 괜찮은 사람임을 확인할 수 있는 길이다.

요즘 많은 사랑 이야기가 사랑은 힐링이라고 말한다. 힐링으로서의 역할을 하는 사랑은 종종 사랑받는 주체의 상처만 위로해 준다. 즉, 사랑을 받는 대상이 얼마나 아름답고 소중한지만 표현하여, 사랑받는 대상이 어떻게 자신의 가치를 찾아나가는지만을 중심으로 이야기를 그려낸다. 이러한 사랑의 서사 속에서 사랑하는 사람의 모습은 쉽게 지워진다. 이로 인해 우리는 계속 사랑받는 대상으로서만 자신을 위치 지으려 한다. 누군가의 사랑을 계속 받기만 원하는 것이다. 왜냐하면 나는 상처받았으니까. 그러니까 타자인 상대는 나를 계속 위로해 주어야 한다. 그렇게 나는 힐링받고자 한다. 힐링으로서의 사랑은 이런 이기적이고 수동적인 사랑의 주체를 생산할 수 있다. 사랑은 힐링이 아니다. 사랑은 주고받음으로 키워나가는 것이다.

　김금희의 「너무 한낮의 연애」는 필용의 변화와 깨달음을 통해 사랑이 주체의 능동성의 회복임을, 그리고 그 능동성은 낭만적 열정만으로는 설명할 수 없는 어떤 지속성임을 보여준다. 양희에게 너 멋있어졌다, 꿈을 이루었구나, 등등의 말을 준비했던 필용은 여전히 우열 관계 속에서 상대를 파악하는 세계에 머무르고 있다. 안녕이라는 말을, 사랑했니 하는 말을, 구해줘라는 말을 준비했던 필용도 아직 낭만적 사랑의 세계에 머물러 있다. 하지만 그 모든 말을 지우기 시작한 필용은 드디어 다른 깨달음의 세계로 넘어간다. 그것은 아무것도 없지만 아주 없는 것은 아닌 세계, '있지 않음'의 세계이다. 사랑은 있고, 없고, 하고, 안 하고의 문제가 아니다. 언제나 '있지 않음'으로 존재하지만, 내가 사랑한다고 느끼는 순간, 그리고 상대와 함께 그 사랑을 키워나가는 순간 나타난다. 내가, 나 스스로가 한 사랑은 상대와의 이별 뒤에도, 그 사랑했던 순간이 사라져도, 내가 사랑을 했다는, 나는 사랑을 할 줄 아는 사람이라는 그 사실을 유지할 것이다. 그렇게 나의 사랑은 현재는 진행되지 않아도 어느 깊은 곳에서 '있지 않음'의 상태로 늘 남아 있을 것이다. 그러니 우리에게 필요한 것은 결국 사랑을 받는 것이 아니라, 내가 사랑을 하는 일이다.

소소한 다큐멘터리를 닮은 사랑

▶

사랑의 어려움

현재 우리의 일상에서 사랑은 어떤 의미로 다가오는 걸까. 근대적 연애가 도입된 지 백 년이 넘어선 지금, 연애의 열풍으로 사랑앓이를 심하게 겪었던 1920년대에서 딱 백 년이 된 지금, 우리에게 사랑과 연애는 무엇일까. 전통과 관습의 억압도 돈과 계급의 차이도 많이 사라져 개인의 자유로운 연애가 진정 가능해진 현재이다. 그럼에도 불구하고 사랑과 연애에 직면한 사람들은 여전히 사랑의 어려움을 토로한다. 무엇이 문제인가.

SBS에서 2021년 12월부터 2022년 1월까지 방영했던 〈그 해 우리는〉은 요즘 시대 사랑의 일상을 섬세하게 그려내었다. 〈그 해 우리는〉은 고등학교 때 함께 다큐멘터리를 찍었던 남녀 한 쌍이 그 다큐멘터리가 다시 인기를 끌면서 재회하게 되는 이야기를 다루고 있다. 이 두 학생은 역시나 고등학교 때 다큐멘터리를 찍으면서 서로에게 호감을 느껴 연애를 했었고, 무려 5년이나 그 연애를 지속했다. 그러나 그들은 헤어졌고,

이별은 그리 쿨하지 않았다. 그렇게 서로 껄끄러운 상태에서 둘은 다시 만난다.

이별의 트라우마와 함께하는 사랑

〈그 해 우리는〉은 이별 뒤 재회를 그린 사랑 이야기다. 이것이 우리 시대의 사랑 이야기의 핵심이다. 사랑은 왔다가 가는 것이기 때문이다. 우리가 경험하는 사랑은 미숙하고 어리숙했던 첫사랑에서 마음의 상처를 받고 실패한 후 사랑에 대한 두려움을 가지고 지내다가, 우연한 기회에 누군가를 다시 만나 지나간 이별에 대한 두려움에서 비롯된 불안에 시달리며 새로운 상대와 밀당을 하고, 두 사람의 타이밍이 잘 맞으면 그때 비로소 새로운 연애를 시작하는 것이다. 이러한 과정의 무한 반복이 요즘의 사랑이다. 누군가를 떠나보내고, 새로운 누군가를 다시 맞아들이는 반복의 과정이 표면적으로 보면, 참으로 가볍고 쉬워 보일 수도 있다. 하지만 이 과정에서 많은 사람들은 크나큰 불안과 두려움을 안고 살아간다.

그렇기 때문에 우리 시대의 사랑 이야기는 이별에 대해 말해야 한다. 새로운 사랑을 시작하는 과정 속에서 우리는 항상 지나간 이별의 그림자와 싸워야 하기 때문이다. 〈그 해 우리는〉은 이를 국연수와 최웅의 이별과 재회를 통해 그려낸다. 헤어졌다가 다시 만난 커플의 이야기는 사랑 이야기의 종합선물세트이다. 헤어졌던 연인을 다시 마주치게 되면, 이별을 했던 그 순간의 분노와 절망 그리고 그렇게 헤어질 수밖에 없었던 안타까움, 그동안의 그리움이라는 감정도 떠오르지만, 그때 그 시절 우리가 사랑했던 순간의 설렘과 풋풋함도 동시에 느껴지기 때문이다. 그래서 사랑 이야기의 가장 명작이라 꼽는 작품이 미셸 공드리 감독의 〈이터널 선샤인〉인지도 모른다. 20년도 넘은 작품인데 아직까지도 20대들이 좋아하는 사랑 영화 중 하나이다. 〈그 해 우리는〉은 〈이터널 선샤인〉과 마찬가지로 이별을 이야기하면서 사랑을 깨닫게 한다.

그리고 이렇게 사랑의 설렘이 이별의 상처와 겹치는 순간이 우리가 매번 겪는 사랑의 시작이다. 이미 수많은 이별을 겪은 우리는 새로운 사랑을 시작할 때 어떤 두려움과 불안에 시달린다. 예전 사랑의 실패가 이번 사랑에도 동일한 영향을 미쳐서, 나는 또 사랑에서 실패하는 것이 아닐까 하는. 이는 새로운 사람을 만날 때에도, 예전에 헤어졌던 애인과 다시 만날 때에도 똑같다. 국연수와 최웅이 '헤어졌던 연인이 다시 만나면 똑같은 이유로 또 헤어진다'라는 연애 속설을 듣고 서로 달라지려고 그토록 애썼던 이유도, 동일한 실패가 반복될까 봐 두려웠기 때문이다. 국연수는 자기 일에 몰두하면 단답식의 무뚝뚝한 답변만을 남기던 메시지를 보며 자기 스타일을 바꿔야 하나 고민하고, 최웅도 자신이 연수를 귀찮게 할까 봐 조심스럽다. 우리 사랑의 시작에는 상대방이 나를 좋아하는지 아닌지에 대한 고민도 있지만, 사랑의 과정에서 겪었던 나의 실패를 다시 반복하는 것에 대한 두려움도 크다. 우리 두 사람의 사랑은 너무 확실한데 주변의 반대나 방해에 부딪혀서 좌절을 겪게 되는 식의 이야기는 이미 올드해진 것이다. 〈그 해 우리는〉은 사랑의 시작 과정에서 느끼는 불안과 두려움을 섬세하게 잡아낸다.

이별의 사소한 이유

또한 이 작품은 사랑이 깨지는 이유 또한 예민하게 포착하였다. 전형적인 사랑의 서사에서 나오는 이별의 이유는 출생의 비밀, 집안의 반대, 계급 차이, 가치관 차이 등으로 그려졌다. 이 중 가장 현실적인 이별 사유가 가치관 차이일 것이다. 그런데 로맨스나 로맨틱 코미디에서 그려지는 가치관의 차이는 대체로 계급 차이에서 비롯된 갈등이나 젠더 역할 수행에 대한 이해도에서 비롯된 갈등으로 이 문제를 전형화시키고 있다. 혹독한 성장 환경 속에서 마음의 상처를 입은 차갑고 도도한 재벌남과 가난하지만 따뜻한 마음을 품고 있는 여자, 자기 주장이 강한 여자와 이와 부딪히는 남성, 이렇게 말이다.

〈그 해 우리는〉에서, 결정적인 이별의 장면은 없다. 연수가 웅과 돌담길을 걷다가 "내가 버릴 수 있는 게 너밖에 없어"라는 잔인한 말을 남기고 돌아선 순간이 결정적 이별의 장면이지만, 이 장면에서는 도대체 왜 연수와 웅이 헤어져야 하는지 설명되지 않는다. 재회 이후 이 둘의 만남이 잦아지면서, 그렇게 서로에 대한 추억을 회상하는 일이 잦아지면서야 둘의 이별을 짐작할 수 있는 장면이 나온다. 웅은 몰랐지만 연수는 헤어짐을 직감했던 그 순간이다.

대학 졸업을 앞두고 취업 준비를 하던 때였다. 연수는 여기저기 낼 입사원서를 작성하느라 바쁘다. 웅은 '누워서 햇빛을 받는 것이 나의 꿈'이라고 말하던 예전처럼 침대에 누워 뒹굴거리고 있다. 문득 웅이 묻는다. 연수 너의 꿈이 뭐냐고. 연수는 뭐, 취직해서 안정적인 직장을 갖는 거, 정도로 대답한다. 웅은 놀란다. 연수가 어려서부터 어떻게 살아왔는지 아는 웅은 그렇게 대단하게 살아온 연수의 꿈이 고작 취업이라는 것에 놀란 것이다. 그런데 이런 웅의 반응에 연수 또한 놀란다. 웅의 무심한 놀라움은 연수에게 어떤 깨달음으로 다가온다. 웅과 나는 다르구나. 넉넉한 환경에서 아무런 억압 없이 어떤 부족함 없이 자란 웅은, 지독한 가난 속에서 생존을 위해 악착같이 살아온 나를 이해하지 못하는구나. 연수에게 취업은 생존이고, 미래를 위해 선택할 수 있는 유일한 길이다. 연수는 웅처럼 생존을 넘어 더 나은 꿈을 꿀 수 있는 여유로운 삶이 보장되지 않은 것이다. 그에 반해 웅은 생존은 늘 보장되어 있기 때문에, 항상 현실을 넘어선 더 나은 꿈, 자신의 재능을 기반으로 한 더 나은 삶을 꿈꿀 수 있었던 것이다.

이별은 바로 이러한 순간에 시작된다. 사랑은 너와 나의 다름에 대한 매력으로 시작하지만, 이별은 너와 나의 다름에 대한 균열로 마무리된다. 나와 다른 네가, 나의 삶과 나의 가치관을 신기하게 생각하고 호기심을 가지며 지켜봐 줄 때, 나는 인정받는 기분으로 더욱 힘을 내서 살아갈 수 있다. 하지만 내가 사랑하는 네가, 도대체 왜 그렇게 사냐고, 이해할 수 없다고, 의문을 제기할 때, 나 또한 내 삶에 대한 확신이 흔들린다. 그렇게 나의 삶과 가치가 이해받지 못하는 순간, 나는 너와 함께할 수 없다고 생각하는 것이다. 이렇게 마음은 식어간다.

이별은 대단하고 극적인 사건이 아니다. 대중매체에서 전형적으로 형상화하는 것처럼 누군가의 배신, 가치관의 타협 없는 충돌, 외부의 위협 등만으로 사랑이 깨지는 것은 아니다. 우리가 일상에서 겪는 이별은 오히려 우리가 깨닫지 못했던 순간들이 쌓이고 쌓여 사소한 순간에 극적 변화를 가져온다. 〈그 해 우리는〉은 이러한 일상의 사소한 순간들에 하나하나의 조명을 밝힌다. 그래서 이 작품에서는 최웅이 생각하는 이별과 국연수가 생각하는 이별의 장면이 다르다. 그리고 각자 마음이 싸늘해지는 순간들이 다르다. 이러한 사소한 순간들에 대한 예민한 포착이 이 작품을 완성시키는 가장 중요한 힘이다.

사랑의 힘은 일상의 사소함

〈그 해 우리는〉은 현재 우리가 겪는 일상에서의 사랑을 가장 실감 나게 풀어놓고 있는 작품이다. 이 드라마의 중요한 모티프였던 다큐멘터리 제작처럼 말이다. 다큐멘터리가 일상을 되도록 가만히 지켜보면서 그 속에 숨겨진 사소한 중요함을 포착하듯이, 이 드라마도 사랑을 극적 이야기로 풀어내기보다는 두 사람의 섬세한 감정에 주목한다. 그래서 이 작품은 사랑의 설렘부터 이별의 아픔과 이별 후의 그리움까지, 한 사람에 대한 애증까지 복잡다단하게 그려낼 수 있었다.

사랑의 다큐멘터리와 같은 〈그 해 우리는〉은, 복잡다단한 감정이 널을 뛰는 일상에서 그래도 우리가 사랑을 하려면, "그 사람의 시선을 따라가 봐"라고 말해준다. 다큐멘터리 편집에서 이야기를 엮어내기 위해 주인공의 시선이 머무는 곳에 관심을 기울여야 하듯이, 우리가 누군가를 만나 사랑을 할 때 내가 사랑하는 상대의 시선을 따라가 그 사람을 이해하는 것이 그 사람에 대한 사랑임을 말해준다. 이렇게 사랑은 말없이 조용히 할 수 있는 행동이며, 극적이지 않은 일상의 사소함이다.

이별은 사랑의 해피엔딩

▶

함께하는 결말의 종말

로맨스 서사의 해피엔딩은 두 남녀의 행복한 결합이다. 일부일처제 가정이 사회의 이상으로 여겨지던 시대에는 행복한 결합이 결혼으로 결실을 맺었고, 다양한 가족 형태에 대한 자유로운 선택을 추구하는 요즘에는 행복한 결합이 커플 되기 혹은 연애하기로 마무리된다. 물론 웹소설을 중심으로 한 로맨스 장르의 경우는 아직까지도 에필로그 형식을 통해 완벽한 커플인 남녀 주인공이 결혼 후 얼마나 아름답게 사는지 독자들에게 보여준다. 그들을 닮은 아들과 딸은 필수 요소다. 그리고 아이를 출산한 후에도 부부의 사랑은 뜨겁게 달아올라야 한다. 로맨스의 해피엔딩은 어떠한 형식으로든지 두 사람이 함께하는 것으로 끝이 난다.

두 남녀의 결합이라는 해피엔딩은 불변할 것 같다. 로맨스 장르의 가장 관습적인 법칙, 그래서 로맨스를 즐기는 독자의 가장 보수적인 욕망을 대변하는 클리셰이기 때문이다. 로맨스 장르의 역사적인 변화 속에서, 남자주인공은 구릿빛 근육과

태생적 무뚝뚝함을 장착한 마초적인 남성에서 돈과 권력과 세련됨과 냉소 그리고 서늘함을 장착한 도시의 알파남으로 바뀌고, 나중에는 내면의 상처라는 예상치 못한 나약함으로 여성의 모성애를 흔드는 베타남의 면모까지 획득하게 되나, 해피엔딩의 법칙은 바뀌지 않는다. 여자주인공 또한 손대기만 하면 기절하는 청순가련형에서 어떤 시련에도 꿋꿋하게 웃는 캔디형으로, 그리고 이제는 그 누구의 도움도 필요 없는 유능한 커리어우먼으로 그 성격을 변화시켰으나, 어쨌든 여주인공도 결국 로맨스의 마지막에는 사랑하는 남자와 '함께' '영원히' 행복하게 잘 산다. 장르의 관습 속에서 캐릭터 변화의 폭은 시대 변화에 맞춰 재빨리 변화하지만, 기본 서사의 틀은 쉽게 바뀌지 않는다.

이렇게 로맨스 서사의 기본적인 틀에서 봤을 때 가장 놀라운 사건 중 하나는 바로 〈라라랜드〉의 결말이다. 〈위플래쉬〉(2014)로 히트를 쳤던 데이미언 셔젤이 직접 각본을 쓰고 감독을 맡은 두 번째 장편 영화 〈라라랜드〉(2016)에서, 남녀 주인공은 결혼하지 않는다. 나름 이 영화의 반전이라 할 수 있다. 영화의 말미에 미아가 남편과 우연히 들른 재즈 카페에서 옛 연인 세바스찬을 만나고 갑자기 두 사람이 헤어지지 않고 결혼하여 아이까지 낳는 장면이 펼쳐진다. 이때 관객은 미아가 현재 남편과 헤어지고 세바스찬과 다시 결혼을 하고 싶나, 세바스찬도 미아에 대한 미련이 남아 다시 관계를 이어 나가고 싶나, 그렇게 미아와 세바스찬이 다시 이어지는 것이 이 영화의 해피엔딩인가, 라는 생각을 하게 된다. 하지만 이것은 미아와 세바스찬의 상상일 뿐이다. 현실에서 그들은 두 사람이 함께 만들었을 수도 있는 행복한 결혼생활에 대한 상상에서 빠져나와, 이미 헤어져 각자 잘 살아가고 있는 서로에게 묵묵하지만 따뜻한 눈인사를 보낸 후 각자의 삶으로 돌아간다. 감독은 로맨스 서사에 익숙한 관객들을 낚기 위해 로맨스 서사 속 해피엔딩을 예상하게 할 만한 미끼를 곳곳에 던져놓고, 마지막에는 그 예상을 뒤엎으며 관객을 배신한다. 이것이 감독이 관객에게 안긴 첫 번째 놀라움이다.

두 번째 놀라움은 마음을 더 복잡하게 만든다. 두 남녀 주인공이 결합하지 않았다는 현실을 보여주면서 깔끔하게 끝나면 될 것을, 굳이 미아와 세바스찬이 잦은 다툼에서 벗어나 화해하고 함께 살아가는 로맨스의 전형적 해피엔딩의 결말을 '환상'의 형식으로 보여주는 것이다. 이를 통해 감독은 로맨스의 해피엔딩은 이제 더 이상 현실 속에 존재하지 않고 환상 속에서만 실현이 가능하다는 것을 보여주는 것 같다. 이 영화를 오로지 로맨스 장르의 서사로만 읽어내고자 하면, 이 지점에서 난처해진다. 이제 로맨스의 해피엔딩은 장르 클리셰를 넘어 패러디의 영역으로 넘어갔는가. 그렇다면 로맨스의 결말은 앞으로 어떤 식으로 이루어질 것인가. 앞으로 사랑하는 두 남녀의 미래는 어떻게 구성될 수 있는가.

이러한 곤혹의 지점은 로맨스 서사가 이미 어떤 경계를 넘어서서 새로운 변화를 맞이하고 있음을 알려준다. 두 사람의 합일이라는 낭만적 사랑의 서사는 이제 끝난 것이다. 사랑은 더 이상 첫눈에 반한 남녀가 온갖 역경을 이겨내고 서로에 대한 마음을 확인한 후 변하지 않는 사랑으로 검은 머리가 파뿌리가 될 때까지 영원히 함께하는 이야기가 아닌 것이다. 평생을 함께한다는 그 개념이 실현 가능해지지 않은 시대가 된 것이다. 그렇다면 이제 로맨스 서사는 어떤 식으로 결말을 맺을 수 있을까.

변화하는 사랑의 시작

샐리 루니(Sally Rooney)의 장편소설『노멀 피플(Normal People)』은 이에 대한 답을 제공한다. 샐리 루니는 아일랜드의 신예 작가이다. 2017년 첫 장편소설인『친구들과의 대화』로 데뷔해 평단과 대중 모두의 지지를 얻었으며, 두 번째 장편소설인『노멀 피플』이 2018년에 맨부커상 후보에 오르며 J. D. 샐린저, 제인 오스틴, 프랑수아즈 사강의 후예로 일컬어지고 있다. 참고로, 샐리 루니의 전형적 수식어는 다음과 같다. "스냅챗 세대의 샐린저, 프레카리아트의 제인 오스틴, 더블린의 프랑수아즈 사강."『노멀 피플』또한 평론가의 찬사와 독자의 열광이라는 두 마리 토끼를 모두 잡았다. 이에 힘입어 이 작품은 2020년 4월에 Element Pictures에서 드라마로 제작해 BBC와 HULU에서 드라마로 방영하였으며, 동일한 제목의 드라마 또한 큰 인기를 모았다. 한국에는 2020년 9월 OTT 플랫

폼인 웨이브(wavve)에 전편이 공개되었다.

　일단 드라마를 강추한다. 원작인 소설도 좋지만, 드라마 또한 원작의 섬세함을 예민하게 그려냈다. 이 작품은 아일랜드 서부의 작은 마을과 더블린을 배경으로, 메리앤과 코넬이 고등학교에서 만나 대학에 이르기까지 4년의 시간 동안 만남과 헤어짐을 반복하는 과정을 그려내고 있다. 이들의 만남과 헤어짐은 쉽게 이별하지 못하는 오래된 연인의 모습과 비슷해서, 언뜻 보기에 평범해 보일 수 있다. 그러나 이 작품은, 끊임없는 흔들림과 변화를 통해 새로운 사회적 정체성을 형성해 가는 20대 초반이라는 주인공들의 나이, 예민하고 섬세하지만 자존감이 낮은 주인공들의 성격을 통해 이들의 사랑과 이별이 각각의 존재에게 남기는 커다란 각인에 집중한다. 그리고 각 존재 내부에서 일어나는 균열과 변화에 주목한다. 드라마는 이러한 내면의 흔들림을 담담하면서도 시적으로 표현하고 있다.

　이 작품 속 두 남녀의 사랑은 특별하다. 매우 똑똑하고 오만하여 고등학교 친구들과는 아예 어울리지 못하는 메리앤은 사실 자존감이 낮아 타인의 폭력적인 공격 앞에서 자기 보호의 방어막을 펼치지 못한 채 점점 자학이나 자기 파괴라는 마조히스트의 영역으로까지 나아간다. 코넬은 고등학교 시절에 친구들 사이에서 인기 있는 학생이었고 그래서 타인과의 사회적 관계를 잘 맺는 것 같지만 그 역시 자존감이 낮아 끊임없이 타인의 시선을 확인해야만 하는 근본적 불안감을 가지고 있다. 이런 두 남녀는 함께일 때만 서로에게 가장 진솔하게 행동한다. 함께하는 순간 그들은 사회적 가식을 내려놓고 각자의 깊은 상처를 솔직하게 터놓으며, 가장 완벽하다고 느낀다. 메리앤과 코넬은 낭만적 사랑에서 흔히 말하는 운명적 상대인 것 같다. 그래서 그들의 사랑은 결혼이라는 완전한 결합을 통해 로맨스의 이상을 실현할 것만 같다.

하지만 이 작품의 결말은 메리앤과 코넬의 이별이다. 4년이라는 시간 동안 메리앤과 코넬은 3번의 만남과 이별을 반복하는데, 이 세 번째 이별이 작품의 결말이며, 그 이별은 진정한 이별이다. 다시 만나서 사랑을 할 것 같은 여지를 남기지 않는다. 완전하고도 완벽한 이별인 것이다. 그러면서 동시에 이 세 번째 이별은 진정한 사랑의 완성이기도 하다. 다시 말해, 진짜 사랑의 시작이라고도 할 수 있다.

메리앤과 코넬은 헤어지지만, 이제는 각자가 지닌 고독과 그로 인한 고통, 내면의 불안과 여기에서 도피하기 위한 서로에 대한 집착에서 벗어난다. 서로가 다른 내면을 가지고 있기에 상대는 다 알 수 없는 삶을 살아갈 수 있으며, 그렇기 때문에 각자의 삶을 서로가 인정해 줘야 한다는 것을 받아들인다. 상대의 독립성을 수용하는 동시에 자기 스스로의 독립성을 믿는 것이다. 메리앤과 코넬의 사랑은 낭만적 관점에서 보자면 불완전했던 개인들의 완벽한 결합이지만, 주체성의 관점에서 보자면 각자의 불안을 사랑이라는 허상으로 덮으려고 했던 서로에 대한 집착이었다. 이런 의존적 상태에서 벗어나 스스로에 대한 자신감을 회복하는 것, 그래서 고독이 주는 고통을 자신이 가치 없는 존재이기 때문에 느끼는 고통이라 해석하지 않고 일반적인 사람들의 삶에 당연히 내재하는 감정이라 평범하게 받아들이는 것, 이런 주체성의 정립이 이들 사랑의 해피엔딩이다.

『노멀 피플』은 이것을 성장이라 의미화하지 않는다. 최근 한국 로맨스 서사에 자주 등장하는 상처 입은 남녀의 '치유와 성장'이라는 주제로 이 작품을 읽어낼 수는 없다는 말이다. 이 작품의 가장 중요한 키워드는 '수용과 변화'이다. "지금껏 그들은 서로에게 많은 도움이 되었다. 정말이야. 정말. 그녀는 생각한다. 사람들은 정말로 서로를 변화시킬 수 있어."* 소설의 결말을 장식하는 메리앤의 깨달음은 소설의 시작을 여는 조지 엘리엇의 『다니엘 데론다』의 한 구절과 쌍을 이룬다. "사람들은 다른 누군가의 인격에 강한 영향을 받아 그 인격을 순순히 수용한 다음에야 하늘이나 땅의 계시도 받아들일 수 있다는 것이 인간 정신 변화의 비밀이다."

이 작품에서 그려내는 사랑은 낯선 존재인 타인에 대한 온전한 수용과 그로 인한 주체의 변화이다. 타인에 대한 수용은 타인의 아픔에 공감하여 그 상처를 치유해 주려고 하는 극복의 서사와도 다르며, 사랑으로 인한 변화는 특정한 방향으로의 발전을 내재해야만 하는 성장의 서사와도 다르다. 타인의 인격에 대한 수용은 타인의 존재를 그 자체로 받아들인다는

---

* 샐리 루니, 김희용 역, 『노멀 피플』, 아르테, 2020, 324쪽.

의미이며, 나의 인격을 상실할 수도 있는 그 과정의 위험 속에서도 타인의 영향을 받아들인다는 뜻이다. 그리고 그 위험의 과정을 통과하며 내 자신의 정체성을 형성해 나간다는 의미이다. 폭풍 같은 사랑은 자아의 상실을 초래한다. 자아의 상실은 타인의 수용을 가능하게 한다. 가끔 우리는 이렇게 타인을 온전하게 받아들이며 사랑의 열정 속에 자아를 내팽개칠 때도 있으나, 타인을 통해 변화한 나 자신을 건져 올려 그렇게 변화한 나를 있는 그대로 수용할 때, 드디어 행복한 사랑은 시작된다. 『노멀 피플』은 두 사람의 완벽한 결합이 아닌, 두 사람의 완벽한 이별의 과정 속 변화와 수용을 통해 자신과 타인 모두가 행복해지는 사랑의 해피엔딩을 그려내었다.

사랑하는 개인의 시간

이제 사랑의 핵심은 모든 것을 함께 공유하는 시간이 아니라, 각자가 행복한 시간이다. 사랑을 통해 서로가 자신의 삶에 만족과 행복을 느껴야 하는 것이다. 말 그대로 사랑은 자기만족이 되어야 한다. 사랑하는 사람과 함께하는 시간이, 그 사람과의 만남이, 내 삶의 수용 가능 범위를 넓혀줘서 나를 조금 더 괜찮은 사람으로 느껴지게 하는 것, 그로 인해 내 삶을 조금 다른 방향으로 변화시켜 갈 수 있는 원동력을 얻는 것, 그래서 나라는 사람을 내 스스로 좋은 사람으로 받아들이게 하는 것, 이것이 사랑 아닐까.

이 시점에서 2020년 tvN에서 방영되었던 드라마 〈(아는 건 별로 없지만) 가족입니다〉의 결말을 떠올려 본다. 이 드라마는 굳이 장르를 분류한다면, 로맨스가 아닌 가족 드라마에 속한다. 하지만 이 작품이 해피엔딩을 맺는 방식은 한국 특유의 가족 드라마의 결말로도, 그리고 현재 변화하는 지형의 로맨스 드라마의 결말로도 신선하고 새롭다. 이 드라마가 가족 드라마로 읽히는 가장 중요한 이유 중 하나는 바로 이 작품이 중년 부부인 상식과 진숙의 갈등을 둘러싸고 진행되기 때문인데, 오히려 이 둘이 서로에 대한 애정을 확인하고 이 애정이 해피엔딩을 맺는 과정은 현재 로맨스 서사에 나타나는 수용과 변화의 결말과 유사하다.

이 드라마의 마지막 회는 상식과 진숙의 둘째 딸인 은희의 내레이션을 통해 정리되는데, 이 내레이션에서 은희는 자신의 가족 그리고 졸혼의 위기까지 갔던 부모님의 해피엔딩에 대해서 이렇게 말한다. "우리 가족은 각자의 시간을 가지기로 했습니다." 그리고 진숙은 드디어 가족을 떠나 혼자만의 시간을 가진다. 진숙의 기약 없는 여행에도 상식은 자신만의 일상을 꾸려나간다. 그들은 헤어져 있지만 헤어지지 않았다. 떨어져 있지만 그 어느 때보다도 가깝게 소통한다. 이렇게 각자의 시간을 가질 때 사랑은 더욱 풍성해진다. 한국의 사랑 이야기 속에서도 이제 조금씩 사랑하는 개인들의 시간이 그려지기 시작할 것이다.

3부

함께하는 세계

나의 이해할 수 없는, 친구

¶

주변부의 삶

김유담은 2016년 〈서울신문〉 신춘문예를 통해 「핀 캐리(pin carry)」라는 작품으로 등단한 이후, 2020년에는 첫 단편소설집인 『탬버린』(창비, 2020)으로 신동엽문학상을 수상하였다. 2021년에는 1월에 경장편 『이완의 자세』(창비, 2021)를 출간하였고, 10월에 단편소설 「안(安)」으로 제1회 김유정작가상을 수상하였다. 최근 한국 문학계에서 가장 활발하게 활동하며 주목받고 있는 작가 중 한 명이다.

김유담의 첫 번째 소설집인 『탬버린』은 김유담 소설 세계의 문제의식이 어디에서 설정되고 있는지를 정확하게 보여준다. 김유담은 생존경쟁과 능력주의 위계질서가 심화된 현실 사회 속에서 주변부에 머무르는 이들의 삶에 초점을 맞춘다. 이 주변부의 삶은 서울이 아닌 지방, 서울의 지리적 상징 체계 내에서의 변두리 같은 장소에서의 체험으로 구체화된다. 이렇게 중심과 주변의 관계가 공간적 위계질서로 그려진다는 것이 김유담 소설의 특징이다.

김유담 소설의 인물들은 대개 지방 소도시 출신으로 대학 진학을 통해 서울로 탈출한 사람들이다. 이들에게 지방에서의 삶은 도태와 모욕 그리고 절망을 의미하였고, 서울로의 탈출은 새로운 삶의 활력과 희망을 상징하였다. 하지만 이들은 서울생활 속에서 자신이 서울이라는 장소가 가진 상징 체계에 걸맞지 않은 사람이라는 것을 깨닫는다. 서울의 장소성은 전형적이고 속물적인 성공의 대명사이다. 그런 서울 속에서도 강남, 타워펠리스, 대치동 학원 등의 장소를 체험하고 체화해야만 바로 이 사회가 바라는 성공에 부합하는 서울 사람으로서의 정체성을 얻게 되는 것이다(「가져도 되는」). 그러나 김유담 소설의 인물들은 서울의 장소성에 쉽게 편입하지 못한다. 그들은 서울의 삶이 힘겨워 다시 지방으로 내려가거나(「공설운동장」), 아픔의 감각을 잃어버리거나(「우리가 이웃하던 시간이 지나고」), 서울의 삶에 편입하기 위해 아등바등한다(「가져도 되는」).

작가의 시선에 이들의 노력은 그 자체로 이미 능력주의의 이데올로기에 사로잡혀 버렸다. 작품 속 인물들은 모두 주어진 시스템 안에서 최대한 버티려고 노력한다. 심지어 놀 때조차도 최선을 다하라는 팀장의 말, 100점을 맞기 위해 끝까지 노래 부르라는 대표님의 명령 같은 권유를 성실하게 수행한다(「탬버린」). 나를 둘러싼 환경이 상대적으로 열악하다고 하더라도 어쨌든 최선을 다해야 한다는 사회의 명령이 이들에게 내재되어 있다.

'할 수 없는' 삶

김유담 소설집의 표제작인 「탬버린」 또한 생존경쟁 사회 속에서 최선을 다해 버티고 있는 청년의 모습을 그려내고 있다. 「탬버린」은 크게 두 가지 이야기를 통해 진행된다. 서술자의 현재를 보여주는 이야기와 과거의 추억, 이렇게 두 가지이다. 서술자의 현재는 앞에서 언급한 것처럼 치열한 경쟁 사회 속 생존과 노력의 문제, 그리고 거기에서 느껴지는 압박감을 다루고 있다. 사실 이런 모티프는 최근 한국 문화 창작물들이 대부분 공유하고 있는 공통의 코드라 할 것이다. 그러나 김유담 소설이 이러한 평범한 서사에서 벗어나는 지점은 바로 초점화자가 회상하는 과거의 추억에서 비롯된다.

회사 회식에서 노래방에 가면서 떠오른 서술자의 과거 추억은, 고등학교 때 '송'이라는 친구와 노래방에서 탬버린을 치며 노래를 부르고 놀았던 순간이다. '나'는 잠시 머무르던 시골 학교에서 '송'이라는 친구를 만났고, 둘은 노래방 단짝이 되어 한 학기 정도의 시간을 신나게 보냈다. 나의 회상에 따르면 '송'은 팔딱이는 물고기처럼 탬버린을 신명 나게 연주하는 아이였다. '송'의 탬버린은 '나'의 '몸속 깊은 곳 감정 덩어리'를 끌어올려 주었다. 그것을 굳이 따져보자면, 일단 '흥'이었다. 물론 그 이면에는 '송'의 내면에서 느껴지는 어떤 '한'도 있었지만 말이다. 그것이 '흥'이든 '한'이든, 나에게 '송'의 탬버린은 "아무 일도 일어나지 않아서 인생이 재미없는 게 아니라 아무엇도 하지 않아서 재미없었다는 것"을 알려준, 즉 '나'의 삶에 힘을 불어넣어 준 추억이었다.

그렇다고 이 소설이 생명력 넘치던 과거와 성과를 위해 최선을 다하지만 이미 탈진해 버린 현재를 단순히 비교하고 있는 것만은 아니다. 이 소설의 핵심은 서술자의 피로한 일상이 아니라, 서술자가 떠올리는 '송'이라는 인물의 알 수 없는 내면이다. 이 소설은 오히려 '송'에 대한 '나'의 진정한 이해가 가능할 것인가, 라는 질문을 핵심으로 내세우고 있다.

한때 '송'과 '나'는 노래방에서 탬버린을 치며 신나게 놀았지만, 대학입시를 치르고 사회에 진출하면서 연락이 뜸해졌다. 나는 뛰어난 학생은 아니었지만, 재력이 있고 극성스러운 엄마 덕에 대학에 입학하고 어찌저찌 취직을 하면서 보통의 평범한 사회인으로 살아간다. 여고 시절 1등을 도맡아 하며 서울대를 간 반장은 아직도 임용고시 준비로 소위 정상적 사회인이 못 되었는데, '나'는 그 앞에 어엿한 사회인의 모습으로 서기도 한다. 그럼에도 '나'는 스스로 대단한 사람이라 여기지 않는다. 이 사회의 기준에서 '나'는 대단한 학벌도 능력도 가지지 못한 별 볼 일 없는 사람인 것이다. 그나마 내가 무기력과 권태에서 빠져나와 무언가를 끝까지 해낼 수 있었던 힘은 '송'과의 노래방 추억 때문이었다. 그래서 '나'는 '송'과 연락을 이어나가려 한다.

하지만 '나'는 '송'을 이해할 수 없다. '나'의 삶이 약간의 성취를 통해 앞으로 나아갈수록 '나'는 '송'의 삶의 태도를 받아들일 수 없다. '송'과 통화를 하면, '송'은 언제나 돈을 모아서 대학을 가겠다고 했다가, 장사를 하겠다고 하기도 하고, 네일 아트를 배우겠다고 했다가, 미용학원에 등록할 것이라고 하기도 한다. '송'은 무언가를 제대로 해내지 못하고 계속 말을 바꾼다. '나'는 "매번 말이 바뀌고 앞뒤가 안 맞는 이야기를 하는 것이 내심 불편"해지기 시작한다.

우리 사회의 상식으로 보면 '송'의 태도는 당연히 이해할 수 없다. 우리 사회는 항상 뚜렷한 목표를 가지고 성실하고 꾸준하게 노력해 가는 삶의 일대기를 완성하도록 강요하기 때문이다. 대학입시와 취업을 거치면서 익숙해지는 자기소개서의 서사는 자신이 얼마나 오랫동안 하나의 전공과 하나의 전문적 일자리를 위해 노력해 왔는가를 서술하도록 되어 있다. 그런데 이것 했다가 쉽게 포기하고, 저거 했다가 쉽게 포기하는 사람은 선명한 목표를 향해 나아가야 하는 삶의 일대기를 완성할 수 없다. 그래서 '송'은 이해할 수 없는 사람, 더 나아가 신뢰할 수 없는 사람이 된다.

그래도 '나'는 '송'의 속사정을 대충이나마 짐작하고 있는 친구였다. '송'은 고등학교 시절에도 불판닦기 아르바이트를 해서 학비와 생활비를 벌어야 했던 친구이니, 가정 사정이나 경제 사정이 그렇게 좋지 않았으리라고 쉽게 짐작할 수 있다. '송'은 불판닦기 아르바이트의 신체적 고통을 탬버린 치기를 통해 승화시킬 정도로 생명력이 넘쳤고, 미술을 하고 싶다는 꿈도 있었으며, 심지어 그림 그리기에 재능도 있었다. 그러나 사회에서 요구하는 상식적인 경로를 거쳐 꿈과 재능을 펼칠 수 있는 여건이 갖추어지지 않았던 것이다. 어떻게 보면, 그러한 열악한 환경에서도 이것도 해보고 싶고 저것도 해보고 싶다던 '송'의 말은, '그럼에도 불구하고' 꿈을 가지고 살아보고자 했던 '송'의 가장 소박한 바람이었을지도 모른다. 그렇지만 사회의 상식적 판단에 익숙한 '나'는 '송'의 말을 이해할 수 없고 믿을 수 없는 것으로 판단한다.

물론 '나'는 처음에 '송'의 말을 들으며 응원도 해주었다. 그러나 누군가가 하고 싶은 일을 말하면 누군가는 옆에서 '그래, 너는 할 수 있어'라며 응원해 주는 관계는, 얼마나 흔하고 상식적이며 표피적인가. 우리 사회는 '무언가를 할 수 없음'에 대해서는 인정해 주지 않기 때문에 항상 '무언가를 하려고 함'에 대해서만 말하도록 훈련받는다. 그리고 시간이 지나면 그 목표했던 바를 이루었는지, 혹시 실패했다면 그 과정에서 어떤 깨달음과 교훈을 얻었는지, 그래서 더 나은 성장을 위해 지금은 어떤 노력을 하고 있는지를 물어본다. 목표 설정과 노력, 그 과정에서 경험하는 성장의 서사만이 발화될 수 있는 것이다.

혹은 '무언가를 할 수 없음'에 대해서 말하고자 한다면, 우리는 '내가 지쳤다'라고 말해야 한다. 성장을 요구하는 사회적 주류 서사에 저항하는 대안 서사는 지나치게 열심히 하는 것에 대한 거부, "할 만큼 한 것 같은데 여기서 뭘 더 보여달라는 건지" 모르겠다는 무력함, "조금도 신이 나지 않았고 점점 기운이 빠졌다"라는 권태를 말해야 한다. 「탬버린」의 표면에 발화되는 서사는 바로 이런 '할 수 없음'에 대한 서사이다. 현재 서술자의 삶은 사회의 정상 궤도로 편입하였으나, 특별한 성공을 거둔 것도 없고, 그렇다고 뭔가를 할 수 있는 상태도 아닌, 더 이상 할 수 없음의 상태이지만, 그래도 어쩔 수 없이 살아가는 삶이다.

말할 수 없어 이해받지 못하는 삶

김유담의 「탬버린」은 이 '무언가를 할 수 없음'의 서사 밑에 깔려 있는, 더 비참한 삶의 서사를 하나 더 끄집어낸다. 그것은 아예 어떤 말도 할 수 없는 '송'의 서사이다. '송'은 생존경쟁 사회에서 지쳐서 낙오되었다는 인물들을 재현하는 방식으로도 나타낼 수 없는 지점을 그리고 있다. '송'의 삶은 사회에서 요구되는 성장의 일대기를 실현할 수 있는 인프라를 제공받지 못한 상태였고, 그래서 경쟁 시스템에서 낙오된 채 일회적인 일자리를 전전하며 삶을 이어나가고 있는 인물이다. 그래서 '송'은 자신의 삶을 있는 그대로 설명해도, 경쟁 시스템에 적응해서 살아나가고 있는 친구인 '나'에게는 전혀 받아들여지지 않는다. 경쟁 시스템에 적응한 '나'의 시선에서 '송'의 발화는 두서없는 횡설수설이다.

'송'은 사회적으로 소외되었다. 그런데 그 소리는 우리가 흔히 말하는 비정한 사회 시스템, 모든 것을 가진 기득권, 시스템에서 승리한 자들, 혹은 승리를 위해 혈안이 된 냉혈한들이 주도한 것이 아니다. 오히려 '송'의 소외는 가장 평범하다고, 그래서 자신은 별 볼 일 없다고, 나도 지쳤다고 말하는, 이 사회 대다수의 일반인들을 통해 이루어진다.

'나'는 의도적으로 나쁜 사람은 아니다. 이 시스템 속 피해자이기도 하다. 그렇다고 '나'가 피해자이기 때문에 다른 사람에게 상처 주지 않는 것은 아니다. '나'는 피해자이지만 가해자이기도 하다. '나'는 '나'에게 편하게 주어진 것들을 남들의 성공에 비해 대단치 않다고 받아들이면서, 그리고 이렇게 개인의 노력을 착취하는 사회가 가혹하다고 여기면서 불평하지만, 어느 순간 사회의 성공 지상주의 및 능력주의 이데올로기를 내재화하고 있다. 그래서 그 이데올로기가 요구하는 문법에 맞지 않는 이야기를 하는 '송'과 같은 이들의 삶을 이해할수 없다고 쉽게 재단한다. 어쩌면, 저러니 성공을 못하는 것이라고 잔인하게 말할 수도 있다. 그러면서 '나'는 '송'과의 과거를 '아름다운 추억'이라 낭만적으로 회상한다.

과연 '송'은 내가 보낸 카톡에 답장을 보낼까? 「탬버린」은 현재의 '나'가 '송'에게 다시 연락을 시도하는 순간에서 끝을 맺는다. '송'은 '나'의 메시지를 읽었다. 하지만 아직 답은 보내지 않는다. '나'에게는 '송'과의 과거가 그래도 뭐라도 해보려고 하는 삶의 에너지를 충전시켜 준 순간이었다. 그때 무기력에 빠져 있던 '나'에게 필요한 것은 다만 이 삶에 대한 태도 변화였을 뿐이다. '나'는 내가 마음만 먹으면 '나'를 정상적인 삶의 궤도로 끌어줄 가정과 경제력이 있었다. 그러나 삶의 에너지가 충만했던 '송'에게는 경제력이 없었다. 삶의 에너지만으로는 고단한 현실을 원하는 대로 살아나갈 수 없었던 '송'에게, 탬버린을 흔들던 과거의 추억은 과연 아름다운 것일까? '송'에게 탬버린은 터키 아이스크림을 판매하며 춤을 추는 것처럼 고단한 과거의 한 페이지였을 수 있다.

「탬버린」은 평범한 우리의 잔인함을 보여주는 작품이다. 생존경쟁 사회에서 성취한 것이 전혀 없다고 여기는 우리는, 스스로를 피해자로 여기며 힘들어한다. 이렇듯 힘든 우리의 분노는 시스템 및 이데올로기에 대한 비판적 시선으로 나타나기도 하고, 우리의 우울은 어쩔 수 없는 자신의 처지에 대한 공감과 위로로 나타나기도 한다. 하지만 이 모든 노력이 실제로는 저항과 성장 혹은 실패와 위로라는 어떤 목적 지향적인 서사에 사로잡혀 있을 수도 있다는 것을 「탬버린」은 보여준다. 삶의 목표조차 제대로 세울 수 없는, 자신의 삶을 주어진 논리에 맞춰 제대로 설명할 수 없는, 그렇게 말할 수 없는 자들이 존재하고 있음을 보여준다. 이들은 숨어 있지 않다. 우리의 이해할 수 없는 친구로, 바로 옆에서 항상 살아가고 있다. 이 횡설수설하고 오락가락하여 이해할 수 없는 존재들을 우리가 얼마나 자연스럽게 소외시키고 있는지, 「탬버린」은 그 잔인함을 그려내는 것이다.

가난의 화법

▶

가난과 의사소통의 상관관계

우리는 가난이 초래하는 물질적 곤경과 인격적 모욕에 대해 잘 알고 있다. 하지만 가난은 언제나 경제적 문제나 제도적 결함으로만 다루어져 왔다. 특히나 가난의 문제를 해결하고자 하는 복지의 노력도 대부분 경제적 지원 문제에 기본적으로 초점을 맞춘다. 당연하다. 가난은 어쨌든 경제적 자립을 통해서 해결할 수 있기 때문이다. 다만 이 경제적 조건이 가난을 겪고 있는 한 인간의 사회적 관계 형성에 미치는 영향, 혹은 그 사람의 심리적 위축에 미치는 영향, 그로 인한 감정적 표현에 미치는 영향 등에 대해서는 상대적으로 많이 논의되지 않는 것 같다. 가난의 원인은 경제의 문제이지만 가난의 결과는 감정이자 심리의 문제이다.

에바 일루즈는 『감정 자본주의』(돌베개, 2010)에서, 사회 계층별 감정 표현 방식의 차이가 나타나며, 인간관계에서 감정적 문제가 발생했을 때 이를 처리하는 방식에서도 큰 차이를 보인다는 점을 심층 인터뷰 자료를 통해 밝혀냈다. 물질적으로 풍요로우며 그로 인해 충분한 교육을 받은 중·상 계층의 사람들은 자신의 감정을 표현하는 방법을 충분히 연습하여, 어떤 문제 상황에 처했을 때, 자신이 느끼는 감정이 무엇인지, 이를 해결하기 위해 상대에게 어떤 말을 해야 하는지, 이것이 사적인 인간관계 안에서 해결되지 않는다면 어떤 전문가들의 도움을 받을 수 있을지에 대해 잘 알고, 현실에서 이를 자연스럽게 실천한다는 것이다. 반대로 가난하고 교육을 받지 못한 하층민의 경우 자신의 감정을 섬세하게 파악하지 못하고, 그래서 자신이 어떤 사람인지, 즉 정체성 파악도 확고하지 않으며, 그로 인해 자신의 감정 및 상태를 설득력 있게 표현하는 데 대체로 실패한다는 것이다.

단순한 예를 들면 이런 상황을 생각해 볼 수 있다. 부부 싸움이 났다. 서로 소통이 잘 안 돼 아주 화가 나는 상태이다. 이런 상황 속에서 내가 무엇 때문에 왜 화가 났는지 설명을 해낼 수 있는 사람과 그렇지 않은 사람의 차이가 생겨난다는 것이다. 사적인 혹은 사회적인 인간관계 속에서 감정을 조절하고 상대를 설득해 내는 연습을 많이 한 계층은 자신의 상태에 대해 상대에게 설명하거나 자신에 대한 이해를 요구하기 위해 상대를 설득할 것이다. 물론 이러한 노력은 대부분 실패할 가능성이 높기는 하다. 현실 속 싸움은 도대체 이해할 수 없는 혹은 이해하고 싶지 않은 상대방 때문에 생기니, 나는 내 말만 하고 상대는 알아듣기 힘든 소리만 지르는 것처럼 보인다. 그럼에도 이들은 극단의 문제에 처했을 때 주변의 친구, 심리상

담가, 혹은 정신과 의사를 찾아 관계 속에서 자신이 어떤 어려움을 겪고 있는지, 어떤 감정을 느끼고 있는지 설명할 수 있다. 하지만 이러한 경험을 하지 못한 사람들은 이것을 설명하지 못한다. 내 가족에게 내가 왜 화가 났는지 나도 모른다. 그냥 화가 난 것이다. 상담사가 어떤 질문을 해도 답은 '모른다', '그냥', '기분 나쁘다'이다.

가난의 언어는 매끄럽지 않다

OTT 서비스인 웨이브 오리지널로 만들어져 SBS에서 2020년 금토드라마로 방영한 〈날아라 개천용〉은 가난한 사람들이 겪는 이러한 심리적 문제 및 언어적 표현의 문제를 섬세하게 포착해 내고 있다. 이 드라마는 박상규 기자와 박준영 변호사가 진행한 실제 재심 사건을 바탕으로 픽션화한 것이다. 이미 드라마가 나오기 전부터 박준영 변호사가 담당한 재심 사건들, 즉 '수원역 노숙 소녀 살인 사건'이나 '삼례 나라슈퍼 3인조 강도 치사 사건', '익산 약촌오거리 택시 기사 살인 사건', '완도 무기수 김신혜 사건' 등은 박준영 변호사의 활약과 〈그것이 알고 싶다〉나 〈PD수첩〉과 같은 시사·보도 언론의 활약으로 알려져 있었다. 이 과정에서 박상규 기자가 합류하면서 나라슈퍼, 약촌오거리, 김신혜 사건은 다음(Daum) 스토리펀딩을 통해 5억 원 이상의 펀딩 자금을 마련할 정도로 일반 대중들의 관심과 호응을 불러일으켰다. 박상규 기자는 '하나도 거룩하지 않은 파산 변호사'라는 기획으로 스토리펀딩에 실었던 기사들을 정리하여 『지연된 정의』(후마니타스, 2016)를 출간하였다. 그리고 더 나아가 드라마 〈날아라 개천용〉까지 집필한다. 〈날아라 개천용〉은 박상규 기자가 직접 시나리오 작업을 하고, 〈보좌관〉의 감독 곽정환이 연출을 맡았다.

이 드라마의 장르가 '법정 코미디'로 분류되는 만큼, 작중 캐릭터의 성격은 단순하고, 연기는 과장되어 있다. 그리고 서사는 너무나 예측 가능하게 정의롭다. 요즘 수사물의 어둡고, 미스터리하고, 심각한 분위기를 따라가지 않는다. 영화처럼 있어 보이게 만들지 않았고 만화처럼 단순하게 만들었다. 선과 악은 명확하게 나뉘어 있으며, 선한 사람들은 너무 쉽게 주인공을 돕는다. 실화가 바탕이었다는 것을 떠올리지 않는다면 모든 사건이 결정적인 순간에 간단하게 승기를 잡는 것처럼 보인다.

하지만 이 드라마의 핵심은 이러한 단순한 코미디 문법 안에 현실의 진실 혹은 어떤 진정성을 심어놨다는 것이다. 이 진정성은 단지 실화 바탕이기 때문에 얻어지는 것이 아니다. 실제 일어난 사건을 직접 관찰하고 경험한 기록자의 어떤 시선에서 진정성은 생겨난다. 그것은 아주 사소한 부분이다. 그것은 이 드라마에 잠깐씩 등장하는, 가난의 실체를 포착하고 드러내는 시선 때문에 생겨난다.

그 하나는 나라슈퍼 3인조 강도 사건의 진범 집을 찾아가는 장면에서 찾을 수 있다. 박태용 변호사는 부산 달동네 꼭대기에 있는 진범의 집을 찾아갔다가, 그 어머니로부터 진범이 자살했다는 소식을 듣고 공범의 연락처를 더 캐묻지 못하고 돌아 나온다. 그러다가 박태용은 아들을 잃은 어머니에게 안타까움을 전하기 위해 과일이라도 사서 드리려고 근처 슈퍼에 들어간다. 가게 주인은 말한다. 우리는 과일 안 팔아요. 박태용은 내려가면서 보이는 온갖 슈퍼를 다 돌아다니지만 과일 사는 데 실패한다. 이 동네 사람들은 과일 안 먹어요. 기본적인 식사 챙기기도 버거운데 과일은 사치라는 것이다. 박태용은 아랫동네 대형 마트에 가서야 과일을 살 수 있었다.

가난의 물질적 곤경이 가지는 디테일은 과일을 먹지 못한다는 것이다. 그런데 이 디테일은 꽤나 자주 다루어졌다. 켄 로치 감독의 영화 〈나, 다니엘 블레이크〉(2016)에서, 미혼모 케이티는 자신과 마찬가지로 가난함에도 자신을 인간적으로 존중하고 도와주는 다니엘에게 자신의 고통을 털어놓으면서, 아이들에게 줄 과일 하나를 사지 못한다는 것을 힘들어한다. 미국 다큐멘터리 〈푸드 주식회사〉(2008)에서는 라틴계 불법이민자 가족이 마트에서 장을 볼 때, 겨우 한 명 정도 먹을 수 있는 신선한 채소와 과일을 살 돈이면 대여섯 명의 모든 가족이 먹을 수 있는 고칼로리 패스트푸드를 사는 편이 훨씬 경제적이라는 것을 알고, 건강을 걱정하면서도 언제나 햄버거를 선택하는 모습이 그려진다.

이러한 물질적 곤경에 비해 우리에게 자주 포착되지 않았던 것은 가난한 사람들의 표현법이다. 〈날아라 개천용〉의 디테일은 이 지점에서 섬세하게 드러난다. 약촌오거리 택시 기사 살인 사건의 범인으로 지목되어 억울하게 옥살이를 하고 나온 남자는 근로복지공단이 택시 기사 유족에게 지급했던 4천만 원을 이자까지 쳐서 물어내라는 소송에 휘말리게 된다. 이 소송이 부당함을 주장하기 위해, 변호사와 기자 그리고 그 사건을 담당했던 형사는 법정에서 이 사건이 재심의 여지가 있음을 판사에게 설득하고자 한다. 그 주요 쟁점 중 하나는 살인범 누명을 쓴 사람이 경찰의 강압 수사를 받았다는 것. 이를 증언해 줄 수 있는 사람은 누명을 쓴 남자의 어머니다. 어머니는 법정에서 자신이 아들에게 해줄 수 있는 것이 없었다고 말한다. 그러자 판사가 묻는다. "왜 변호사를 쓰지 않으셨나요?" 어머니는 황당하다는 듯이 판사에게 되묻는다. "그런 생각을 어떻게 해요? 판사님, 변호사를 쓸 수 있다는 생각은 변호사를 쓸 수 있는 사람만 할 수 있는 생각이에요."

이 드라마의 원작이라 할 수 있는 『지연된 정의』에서 박상규 기자는 이렇게 말한다. 재심을 진행할 때, 판사들이 늘 똑같이 묻는 질문이 있다고. 그것은 그토록 억울했으면 왜 처음 수사 과정에서 허위 자백을 했느냐는 것이다. 경찰의 강압 수사로 누명을 쓴 사람들은 하나같이 대답한다. 안 맞아본 사람들은 저렇게 말을 쉽게 한다고. 골방에서 한 번이라도 두들겨 맞으면 무서워서 어떤 자백이라도 하게 된다고.

그들은 어린 시절부터 부모와 사회의 폭력에 노출되어 있었고, 그 폭력 앞에서 도망치는 삶만 살았다. 그러는 과정에서 그들은 자신에 대한 믿음을 쉽게 잃어버리고, 자존감이 약해지며, 자신이 존중받을 수 있다는 생각을 하지 못한다. 그래서 그들은 폭력 앞에서 쉽게 무너진다. 자신이 하지 않은 일을 끝까지 안 했다고 말할 수 있는 자기 확신을 가지지 못한다. 그리고 그렇게 끝까지 자신이 주장했을 때, 자신의 발언이 사회에 받아들여질 것이라는 믿음도 없다. 주어진 질문에 대한 즉자적이고 순간적인 대답으로 그 상황을 모면하는 것이 최선의 방책이라고 생각한다.

그래서 삼례 3인조는 검찰에서 진범 3인조와 대질 심문을 받을 때, 검사가 "범인이 아닌데 어떻게 교도소 생활을 하느냐?"라는 질문을 하자, "처음엔 힘들었는데, 지금은 적응돼서 지낼 만합니다"라고 대답한다.(『지연된 정의』 311쪽) 드라마 〈날아라 개천용〉에서 이 장면이 등장했을 때 너무나 위험하게도, 사건을 조작하는 검사의 마음을 살짝 알 것 같았다. 진범들은 정말 억울한 표정으로 억울하다고 호소하는데 누명을 썼다는 아이들은 감옥살이가 괜찮다고 말하니, 사건을 복잡하게 만들지 말고 그냥 상황 판단을 잘 못해 덜 억울하다고 느끼는, 지금이 괜찮다고 말하는 아이들을 감옥에 남겨두어야겠다는 마음이.

가난한 사람들의 행동과 표현법은 가끔 '상식적으로' 이해되지 않는다. 판사들의 상식으로는 진짜 억울하면 끝까지 억울하다고 말해야 한다. 검사의 상식에서도 진범을 마주한 상황에서 풀려나고 싶으면 감옥살이가 너무 힘들다고, 지금 억울해서 못 살겠다고 읍소해야 한다. 하지만 이들은 그러한 상식적인 자아존중감, 감정표현법, 논리정연한 언어를 가지지 못했다. 상식의 기준에 부합하지 못하는 것이다. 그래서 우리는 너무나도 쉽게 이들의 화법을 오해한다. 우리는 상식적으로 매끈하게 그리고 논리정연하게 표현되지 않는 언어를 무시한다. 하지만 진실은 상식이 아니다. 진실은 상식 이면에 조각난 언어로 표현되어 있는 경우가 더 많다.

상식의 폭력으로 재현된 가난에서 벗어나기

이기호의 단편소설 「옆에서 본 저 고백은」(『최순덕 성령충만기』, 문학과지성사, 2004)에서, 고아이자 앵벌이인 시봉은 쌈마이 형님들의 회사에 취직하기 위해 자기소개서를 작성하고자 한다. 시봉은 손글씨로 쓴 자기소개서를 컴퓨터로 문서 작업 하기 위해 PC방의 어벙한 아르바이트생 팔대이를 협박하여 타이핑을 시킨다. 하지만 시봉은 팔대이가 던지는 '상식적'인 질문에 무너진다. 부모가 없는 것이 아무렇지도 않다고 하는 시봉에게 팔대이는 그렇게 쓰면 아무도 믿어주지 않는다고 말하며 시봉에게 '진정성 있는 고백'을 요구한다. 팔대이가 말하는 진정성 있는 고백은 상식적으로 받아들여질 만한 고백이다. 고아는 부모에게 버림받았기 때문에 부모를 원망할 것이다, 라는 상식. 팔대이는 상식의 기준으로 시봉이의 진실을 받아들이지 않으며, 상식의 힘으로 시봉에게 고백을 강요하고,

결국 시봉을 제압한다.

이렇게 가난하고 배우지 못한 사람들의 진실은 상식의 기준에서 왜곡되고 지워진다. 우리가 문화적으로 재현하는 가난도 이러한 상식의 기준에서 전형화된 가난일 수 있다. 우리는 상식적으로 받아들일 만한 가난만을 소비하고 있지는 않은가. 이러한 소비를 통해 우리가 가난한 사람들에게 공감하고 있으며, 도덕적 책임을 다하고 있다고 착각하고 있지는 않은가. 가난한 사람의 이미지를 착하고 자신의 존엄을 지키며 꿋꿋한 혹은 불쌍하고 연약한 모습으로만 손쉽게 받아들이는 것은 아닐까. 우리는 왜 분노하고 폭력적이며 거칠고 위험한, 그러한 가난한 사람들은 자꾸 피하려고 하는 것일까. 〈날아라 개천용〉을 보며 자꾸 생각해 보게 된다.

서울의 생존, 지역의 공존

▶

서울과 지역의 공간 구조

2021년 tvN에서 토일 드라마로 방영된 〈갯마을 차차차〉는 2004년 영화 〈어디선가 누군가에 무슨 일이 생기면 틀림없이 나타난다 홍반장〉(이하 〈홍반장〉)을 리메이크한 드라마이다. 이 작품은 동네에 무슨 일이 생기면 순식간에 나타나서 모든 일을 해결하는 홍반장과 본의 아니게 지역 소도시에 치과를 개원하여 낯선 환경에 적응하려고 하는 치과의사 윤혜진의 티격태격 로맨스를 다루고 있다. 2004년 영화에서는 김주혁이 홍반장 역을, 엄정화가 윤혜진 역을 맡았으며, 2021년 드라마에서는 김선호가 홍반장 역을, 신민아가 윤혜진 역을 맡았다.

드라마 〈갯마을 차차차〉는 기본적으로 영화 〈홍반장〉의 캐릭터, 스토리 라인 그리고 몇몇 핵심적인 사건과 장면들을 그대로 차용한다. 하지만 기본적으로 긴 호흡으로 진행되는 드라마의 특성상, 영화에서 생략되었던 주변 환경과 캐릭터들의 관계 설정이 훨씬 생생하게 살아난다. 영화는 남녀 주인공이 서로 부딪히고 투닥거리며 정이 드는 과정을 그리는 데에 집중하였다면, 드라마는 지역 소도시라는 공간을 배경으로 하여 생겨나는 환경적 특성과 이로 인해 등장할 수 있는 흥미로운 캐릭터들의 성격 그리고 그러한 인물들의 다채로운 관계성에 주목한다.

특히 드라마 〈갯마을 차차차〉에서 흥미로운 부분은, 제목에서도 드러나듯이 이 작품이 사건의 배경이 되는 지역 소도시라는 공간적 요소에 집중하고 있다는 점이다. (물론 영화에서도 윤혜진이 '시골' 마을로 갔다는 것이 부각되지만, 홍반장과 윤혜진의 갈등은 시골 마을의 문화 때문에 생기는 것이 아니라, 홍반장의 성격 때문에 생기는 것으로 설명된다.) 〈갯마을 차차차〉는 강원도 바닷가 마을을 배경으로 하고 있다. 이곳에 서울에서 나고 자란 윤혜진이라는 인물이 들어오면서 모든 사건이 시작된다. 이 작품은 윤혜진이라는 인물이 서울에서 쫓겨나 지역 소도시에 치과를 개원하면서 그곳에 정착해 나가는 과정의 우여곡절을 중심으로 두 남녀의 사랑 이야기를 풀어간다. 여기에서 서울과 지역(윤혜진의 표현에 따르면 '시골')의 차이가 대립적으로 그려지며 현재 우리 사회에 떠돌고 있는 '수도권 중심론/지역 소멸론'의 담론을 생동감 있게 재현해 내고 있다.

미디어 속 지역 재현의 전형성

서울과 지역의 대립은 처음에는 아주 전형적인 방법으로 형상화된다. 성공한 커리어우먼인 윤혜진을 통해 그려지는 서울은 화려하고 편리한 고층 아파트, 레깅스 차림으로 자유롭게 조깅할 수 있는 자연 친화적 공원, 원할 때마다 원하는 것을 심지어 최고의 품질을 자랑하는 제품으로 살 수 있는 쇼핑 공간 등으로 상징된다. 그에 반해 지역 소도시 공진시는 낡은 상가 건물과 단층 주택, 레깅스를 입고 조깅을 한다고 흉측하다고 타박하는 노인들의 시선, 백화점조차 없어서 필요한 물건을 모두 택배로 시켜야 하는 불편함 등으로 상징된다. 서울은 모든 것이 다 있고, 지역은 모든 것이 없거나 불편하다. 게다가 마을 주민들의 시선에 계속 노출되어 사생활을 보장받지 못한다.

실제 포털 사이트에서, 지역 소멸론에 관한 기사에 달리는 댓글들을 보면, 현실 사회 속에서 지역 도시나 농촌에 대한 담론은 딱 저렇게 형성되어 있다. 지역에서 귀촌 및 인구 유입을 위해 노력하는 정책을 편다는 기사가 실리면, 그 아래 댓글에는 어김없이 귀촌을 하면 동네 주민들의 텃세에 시달려야 한다는 이야기, 지역에 가면 병원 시설이 제대로 갖추어져 있지 않아서 결국 오래 못 산다는 이야기, 그래서 공공 기관이 지역으로 이전해도 가족은 서울에 남아 있고 일하는 직원만 왔다 갔다 한다는 이야기 등이 달린다. 좀 극단적으로 과장된 면이 없지는 않지만, 모든 편의 시설 및 문화 인프라, 그리고 일자리 등이 수도권 중심으로 편재된 현실을 적확하게 반영하는 편이다.

이와 달리 문화적으로 재현되는 지역의 모습은 낭만적으

로 그려지는 편이다. 몇 년 전 대중적인 성공을 거둔 영화 〈리틀 포레스트〉(2018)가 대표적인 예일 것이다. 혹은 〈갯마을 차차차〉와 동일선상에서 비교하기 좋은 드라마 〈날씨가 좋으면 찾아가겠어요〉(2020)도 마찬가지다. 서울의 생존경쟁에서 상처를 받은 젊은 청춘들이 지역 소도시로 내려가 소도시의 자연과 느리게 흘러가는 시간과 그리고 그 안에서 살아가는 마음 따뜻한 사람들을 통해 힐링을 하는 이야기다. 이런 작품들은 판타지다. 현실에서 실현하기 어려운 대중들의 욕망을 해소해 주는 이야기이다. 이때 지역 공간은 실제 지역이 아니라 서울이 아닌 다른 어떤 곳, 현실이 아니며 현실에서는 존재할 수 없는 곳, 즉 유토피아다.

서로 다른 삶의 가치를 형성하는 공간

이에 비하면 〈갯마을 차차차〉는 지역의 모습에 훨씬 현실적으로 접근한다. 더 나아가 이 작품의 가장 큰 미덕은 도식적인 이항 대립 구조를 넘어서서 서울과 지역의 차이를 그려내고 있다는 점이다. 현실 사회 담론이나 문화 재현 양상에서 보여주는 서울과 지역의 차이는 다분히 이항 대립적이다. 서울에는 다 있고, 지역에는 모두 없다. 서울은 생존경쟁이 치열해서 살기 힘들고, 지역에는 정이 남아 있어 함께 살기 좋다. 혹은 서울은 개인의 생활에 대한 존중이 있는데, 지역은 사생활 침해가 심하고 낯선 사람에 대해 배타적이다.

하지만 〈갯마을 차차차〉에서 지역의 공존은 조금 다른 모습으로 그려진다. 윤혜진에게 공진이라는 지역사회는 이해할 수 없는 곳이다. 정확한 자격을 가진 전문가들이 서류에 기반하여 일을 처리하는 서울 방식에 익숙했던 윤혜진에게, 사람과 사람들이 알음알음으로 주선하여 부동산 계약이 이루어지고 일이 처리가 되는 방식은, 도저히 신뢰할 수 없는 이상한 방식이다. SNS를 통한 홍보가 아닌 사람들을 일일이 찾아가며 떡을 돌려야 하는 홍보 방식, 반상회에 참가해서 동네 사람들과 친밀한 관계를 맺어야 치과에 손님이 늘어나는 홍보 방식도 다 구닥다리, 비효율적 방식이다.

아니나 다를까, 지역사회의 생활 방식에 적응하지 못했던 윤혜진은 동네에서 거의 왕따가 된다. 물론 로맨틱 코미디의 전형적인 문법상 남자주인공인 홍반장이 윤혜진을 철저하게 도와서 윤혜진이 지역사회에 정착하도록 돕기 때문에 윤혜진의 시련은 너무 걱정할 필요가 없는 부분이다. 그런데 이 드라마에서 중요한 것은 단지 홍반장의 도움으로만 윤혜진이 이 시련을 극복하지는 않는다는 점이다.

이 드라마는 윤혜진이 지역 주민들을 이상하게 여기는 시선만 보여주는 것이 아니라, 지역 주민들에게도 윤혜진이 얼마나 무례한 사람이었는지를 균형 있게 보여준다. 윤혜진 또한 자신이 서울 사람이고, 치과의사라는 사회적 지위를 가졌다는 이유로 사람들에게 상처를 준다. 동네 슈퍼 주인에게는 고급 샴푸는 아마 동네 슈퍼에는 없을 거라고 아무렇지도 않게 말하며, 할머니가 손으로 찢어준 김치는 더러워서 먹지 않는다. 과거 가수 경력을 끊임없이 운운하는 카페 사장에게는 실패자의 열등감이라고 폭언한다. 이런 문제들을 겪으면서 윤혜진은 자신이 사람들과 관계 맺는 법을 잘 모르는 사람이라는 것을 알게 된다. 그리고 홍반장의 도움을 받아 마을 주민들과 조금씩 어울리게 되면서, 자신이 상처 줬던 사람들에게 사과도 하고, 관심사가 유사한 중학생과 대화도 하며 점점 자신을 열어간다.

〈갯마을 차차차〉는 단지 서울과 지역의 차이를 대립적으로 그리는 것이 아니라, 그 공간적 배경으로 인해 생겨난 삶의 방식의 차이가 어떤 인물형들을 탄생시켰는지를 그려낸다. 서울의 생존경쟁에 익숙한 윤혜진은 위에서처럼 자신의 삶을 우선으로 챙기고, 외부로부터 자신을 보호하고, 그러기 위해서 타인에게 예민하게 구는 삶의 방식을 가지고 있다. 이와 달리 정해진 소수의 지역사회 속에서 모두와의 신뢰 관계를 바탕으로 살아가는 홍반장은 마을의 모든 사람과 잘 어울리며 마을의 모든 대소사를 자기가 나서서 처리하는 오지라퍼로 살아간다. 이 둘의 삶의 방식은 위계질서를 이루지 않고 각자 동등하다. 이 드라마는 어떤 삶이 좋다, 나쁘다를 그리는 것이 아니라, 두 가지 삶의 방식의 장·단점을 입체적으로 그려내는 것이다.

생존경쟁을 넘어선 다양한 삶의 방식에 대한 상상력

특히 윤혜진의 시선을 통해 생존경쟁 중심의 서울의 삶과 공존 중심의 지역의 삶이 가진 다채로운 측면이 잘 그려진다. 윤혜진은 지역의 삶을 대표하는 홍반장이라는 존재를 통해 새로운 삶의 방식이 있음을 점점 깨닫는다. 홍반장과 썸을 타게 되면서, 윤혜진은 홍반장이 서울대를 나왔다는 사실을 알게 된다. 그런데 윤혜진은 이를 믿을 수가 없다. 그 정도 스펙을 가졌으면, 이런 시골에서 살아서는 안 되기 때문이다. 그래서 윤혜진은 홍반장에게 수능 기출 문제를 내며 맞춰보라고 한다. 홍반장이 자신보다 뛰어난 수학 실력자임을 알게 되자 윤혜진은 홍반장에게 말한다. 자신은 인풋(input)과 아웃풋(output)이 확실한 사람이라고, 그래서 좋은 스펙을 낭비하고 있는 홍반장이 이해가 안 된다고. 그러자 홍반장이 말한다. 당신이 생각하는 것보다 세상을 살아가는 방식은 훨씬 다양하다고.

〈갯마을 차차차〉가 서울과 지역의 삶을 보여주는 관점은 바로 이것이다. 서울의 생활환경과 지역의 생활환경은 서로 다른 가치관을 가진 삶의 방식들을 만들어나갈 수밖에 없는데, 이 모든 생활 방식의 다양함에 대한 우리의 시야를 넓혀야 한다는 것이다. 즉, 홍반장이 말한 것처럼, 세상을 살아가는 데는 단지 서울에서 훈련된 생존경쟁의 방식 외에 또 다른 방식이 존재할 수 있다는 것이다. 경쟁하지 않아도 서로 도와가면서, 서로를 믿어가면서 살 수 있다는 것이다. 물론 그러한 삶의 방식이 서울의 각자도생, 적자생존에 익숙한 윤혜진의 시선에서는 낯설고, 촌스럽고, 그래서 배타적인 방식으로 보일 수 있다. 실제 서로 믿다가 배신당하는 경우도 많을 것이다. 그러나 생존경쟁의 삶의 방식만이 무조건 옳다, 라는 시각에서 조금만 벗어나면, 그래서 경주마처럼 앞만 보던 우리의 시야를 조금만 넓히면, 분명히 누군가를 믿고 함께하는 삶이 가능해질 수도 있을 것이다.

〈갯마을 차차차〉는 서울과 지역에 대한 스테레오타입을 구축하는 것이 아니라, 이렇게 다양한 시야를 확보함으로써 서로의 삶을 이해해 나가는 과정을 그려내고 있다. 〈갯마을 차차차〉를 통해 서울과 지역의 위계질서 및 이항 대립적 공간의 담론에서 벗어나, 서로의 삶을 형성하는 새로운 가치관에 대한 이해와 포용이 확산되고, 다양한 삶의 방식에 대한 기회가 확대되면 좋겠다.

행복은 충분한 슬픔 뒤에 온다

▶

〈키딩〉, 모든 고통에는 이름이 있다

공감과 위로, 치유와 힐링이 최근의 문화를 사로잡는 키워드가 된 지는 꽤 오래되었다. 이들이 등장하기 전에는 생존과 경쟁의 시대 속에서, '생존'을 위해 '노력'을 하다가 꿈과 같이 '성공'하는 이야기들이 문화를 장악하였다. 그때 노력의 원동력은, 백만 시간을 투자하면 누구나 한 분야의 프로페셔널이 될 수 있다는 긍정과 낙관의 마인드였으며, 웃으면 누구나 행복해질 수 있다는 순진함이었다. 이 과정에서 우리는 잘 살아가기 위해, 더 이상 노력할 수 없는 피로감과 무기력, 그럼에도 힘을 더 내야 한다는 데에서 발생하는 분노와 좌절, 이렇게도 자신이 보잘 것 없는 한갓 나약한 인간이었다는 사실에 대한 자괴감을 모두 철저하게 숨겼다. 이 시간 동안 다들 고통스러웠던 것 같다. 그리고 더 이상 모든 것이 가능하지 않아졌을 때, 이제 그래도 괜찮다는 위로를 건넨다. 이렇게 힐링의 시대가 도래하였다. 그렇다면 이 치유의 시대 속의 우리는 진짜 괜찮은 것일까?

〈키딩(Kidding)〉은 상처 입은 한 영혼이 치유하고 성장하는, 딱 지금 시대의 드라마다. 미셸 공드리가 연출을, 짐 캐리가 주연을 맡아 화제를 이루었던 〈키딩〉은, 웃음과 행복의 아이콘인 제프 피키릴로가 어린이들을 위한 인형극이라는 동화적 세계와 인간관계 속에서 갈등하고 상처받는 현실 세계 속에서 어떻게 새로운 자신을 찾아나가는지를 보여준다. 짐 캐리와 미셸 공드리의 대표성이 조화롭게 어우러지는 작품이다. 시즌 1은 미국 쇼타임(Showtime)에서 2018년 9월에 첫 방영을 하였고, 시즌2는 2020년 2월에 방영하였다. 한국에는 왓챠를 통해 2020년 7월 시즌1과 시즌2가 동시에 소개되었다.

제프 피키릴로는 어린이 프로그램의 진행자로 일명 피클스 아저씨, '미스터 피클스'로 불린다. 그는 미국 전역의 어린이들에게 웃음과 행복을 전하는 역할을 담당하고 있다. 하지만 우연한 사고로 제프는 쌍둥이 아들 중 하나를 잃어버리고, 그의 가정은 붕괴된다. 이로 인해 제프는 큰 슬픔에 빠진다. 이것이 제프가 처한 문제적 상황이다. 하지만 더 큰 문제는 제프의 아버지이자 〈피클스 아저씨의 인형 극장〉의 제작자인 세바스티아노 피키릴로가 제프의 슬픔을 받아들이지 못한다는 데에 있다. 제프는 아들을 잃은 슬픔을 방송을 통해 애도하고 싶다. 소중한 무언가를 잃어버리는 고통의 감정에 대해 어린이들과 이야기를 나누며, 그 고통을 드러내고 싶어 한다. 하지만 아버지는 아이들에게 충격을 줄 수 있다는 이유로 반대한다.

애도의 시간 없는 웃음은 공허하다. 제프는 아이들 앞에서 계속 행복을 말하지만, 슬퍼할 것을 충분히 슬퍼하지 않고, 고통을 아프다고 말하지 않고, 그냥 웃으라고 말하는 제프는 속이 텅 빈 깡통과 같다. 제프는 자신의 슬픔을 제대로 받아들여주지 않는 아버지 앞에서 반항과 설득과 타협을 반복한다. 한번은 아예 방송을 할 수 없을 정도로 머리를 밀고 아버지 앞에 나타난다. 그리고 즉각 가발이 씌워진 채 방송을 녹화해야 했다. 그러자 이번에는 아버지를 설득한다. 모든 고통에는 이름이 있고, 아이들은 각자가 겪는 아픔의 정확한 이름을 알아야한다고. 하지만 아버지는 이제 제프를 대신할 대타를 찾아 웃음과 행복을 주는 방송을 유지하려고 한다.

제프는 웃음으로 슬픔을 은폐할 수 없다는 것을 끊임없이 전달한다. 슬픔을 슬픔 그대로 표현할 수 없다면, 슬픔과 고통에 다른 이름을 붙인다면, 우리는 제대로 된 애도를 할 수 없고, 애도의 기간을 마칠 수 없기에 다시 웃을 수 없다. 모든 고통을 웃음으로 극복하라고 말하던 긍정의 시대를 지나 모두아플 수 있다고 공감하는 힐링의 시대로 접어든 지금, 과연 슬픔과 고통의 감정은 충분히 표현되고 있는가.

〈사이코지만 괜찮아〉, 나쁜 기억을 잊지 마

2020년 tvN에서 방영한 〈사이코지만 괜찮아〉는 동화 작가 고문영과 정신병원 보호사 문강태의 로맨스를 그려내는 작품이다. 이 작품은 표면적으로 '사이코'의 문제를 다루는 것 같지만, 사실 핵심은 '괜찮아'에 있다. 자신이 원하는 것을 얻기 위해 다른 사람들을 아무렇지도 않게 공격하는 고문영은 사이코패스 캐릭터처럼 그려지지만, 사실 고문영의 내면은 그녀가 만든 동화를 통해 나타나듯이, 상처를 입은 채 살아가는 여린 아이의 모습과도 같다. 물론 그 상처를 덮고 강인하게 살아남기 위해 막강한 공격성을 갖추긴 했다. 부모로 대변되는 세상의 폭력으로부터 자신을 지키기 위한 이 공격성은 생존에 부적합한 여린 감성을 먼저 지워냈고, 그래서 그녀는 감정 없는 깡통 공주가 됐다. 깡통 공주 고문영은 문강태를 만나 변화한다. 문강태도 고문영처럼 내면의 무언가를 잃어버린 인물이다. 문강태는 고문영과 반대로 자폐인 형을 보호하는 데 익숙해져서 자신의 감정은 들여다보지도 않은 채 지내다가 자아를 잃은 소년이다. 고문영과 문강태는 서로의 아픔을 들여다보고 위로해 주면서 변화한다. 이렇게 그들은 서로의 상처를 보듬으며, '괜찮아'의 세계를 창조한다.

그런데 이 드라마가 '괜찮아'를 말하는 방식에는 독특한 지점이 있다. 이 드라마의 핵심적인 메시지는 매회 동화 한 편을 통해 상징적으로 나타난다. 이 동화는 작중에서는 고문영의 작품으로 소개되지만, 실제로는 이 드라마의 작가 조용의 창작 동화이다. 드라마 초반부에 배치된 오리지널 창작 동화는 작품 속 주인공 고문영과 문강태의 내면을 대변하며, 이 드라마가 전달하고자 하는 '괜찮아'의 세계가 어떤 세계인지 정확하게 보여준다.

첫 회의 주요 모티프로 기능하였던『악몽을 먹고 자란 소년』이 대표적이다. 매일 밤 악몽을 꾸는 소년이 자신의 나쁜 기억을 마녀에게 팔며 마녀가 원하는 모든 것을 주겠다고 한다. 그렇게 나쁜 기억을 지운 소년은 정작 행복해지지 않는다. 마녀는 말한다. 나쁜 기억을 가지고, 이겨내어, 성장한 자만이 행복을 얻는다고. 〈사이코지만 괜찮아〉는 이렇게 아프고 고통스러웠던 기억이 있어야만 행복해질 수 있다고 말한다. 이 작품은 '사랑은 힐링'이라는 손쉬운 공식을 따르지 않는다. 한 사람이 공감하고 위로해 주며 상대를 보살펴 주는 것은 다른 상대방의 감정을 착취하는 것일 수도 있다. 자신을 돌보지 않고 무조건 형을 위하는 강태는 그래서 자아를 잃고, 감정을 잃었다. 하지만 어린 시절부터 쌓인 자신의 아픈 마음을 들여다보며 오열하는 순간, 강태는 새로운 관계로 나아갈 수 있었다.

괜찮기 위해서는 슬퍼할 줄 알아야 한다. 자신의 상처와 아픔을 외면하지 않고 들여다보아야 한다. 공감과 위로는 일시적인 진통제일 뿐이다. 상대의 상처에 공감하고 위로해 주며 사랑을 키워나가는 것이 요즘 로맨스의 공식이기는 하지만, 보통은 상처 이전에 매력이 먼저 그려지면서, 사랑을 하면 위로가 가능하다는 공식을 전달한다. 먼저 사랑을 해야 마음의 상처도 치유받을 수 있는 것이다. 이와 달리 〈사이코지만 괜찮아〉는 사랑 이전에 자신을 돌아보고, 아픔을 들여다보고, 그 고통을 받아들여야지만 새로운 관계가 시작되며, 그렇게 사랑이 시작될 수 있음을 이야기한다. 사랑이 먼저가 아니라,

슬픔이 먼저다. 그리하여 사랑하고, 웃을 수 있으며, 괜찮아질 것이다.

〈이터널 선샤인〉, OK의 조건

이런 '괜찮은' 사랑을 그린 또 하나의 작품이 바로 미셸 공드리 감독의 〈이터널 선샤인(Eternal Sunshine of the Spotless Mind)〉이다. 이 작품의 가장 유명한 대사도, "OK? OK"다. 조엘과 클레멘타인은 나쁜 기억을 지운 채로 서로를 다시 만나 설레는 시간을 보내다가, 그들의 기억을 지워준 라쿠나 의원에서 보낸 녹음테이프를 함께 들으면서, 그들이 서로를 힐난했던 그 나쁜 기억을 다시 마주한다. 과거의 나쁜 기억 앞에서 조엘과 클레멘타인은 충격과 자괴감에 휩싸여, 새로운 사랑을 시작하는 것을 포기하려 한다. 하지만 조엘이 클레멘타인을 붙잡으며 말한다. "괜찮아?" 클레멘타인은 울며 대답한다. "괜찮아."

〈이터널 선샤인〉의 '괜찮아'라는 대사는 많은 해석을 남기는 명대사다. 아무리 기억을 지워도 운명적인 상대는 바뀔 수 없다는 낭만적 사랑으로 해석되기도 하지만, 영화의 맥락상 서로의 치부가 모두 드러나고 서로를 증오했던 지점도 모두 드러난 상태에서, 조엘과 클레멘타인의 '괜찮아'라는 말은 오히려 사랑의 낭만성을 깨는 지점을 보여준다. 모든 것이 완벽해 보이는 이상형인 줄 알았으나, 그렇지 않은, 단점이 많은 상대라는 사실을 인정하고 시작하는 현실적이고도 성숙한 사랑인 것이다. 사랑은 이렇게 상대에 대한 콩깍지가 벗겨지고, 환상의 세계에서 일상의 세계로 내려오는 순간 새로운 전환 국면을 맞는다. 상대가 정말, 완벽하게 괜찮지 않다는 것을 받아들여야 현실의 사랑이 시작된다.

이 '괜찮지 않음'을 받아들이는 일이 사랑의 시작이며, 진짜 '괜찮음'의 시작이다. 나의 결함과 너의 결함 모두를 있는 그대로 인정해야 하는 것이다. 그리고 그로 인해 생기는 아픔과 고통 그리고 슬픔을 모두 겪어야 한다. 이런 슬픔을 통과해야만 우리는 타인과 진정한 공감을 나눌 수 있다. 그런데 지금, 우리는 나의 아픔만 말하면서 타인의 아픔을 돌아보지 않는 것은 아닌가. 타인에게 너무나 쉽게 괜찮다고 말하고 있는 것은 아닌가. 혹은 힐링의 시대라고 불리는 지금, 마음의 아픔과 고통과 슬픔을 제대로 들여다보지 않고, 그 마음들을 외면하며, 그들에게 제대로 된 이름도 붙여주지 않은 채, 무조건 그 마음만을 지워내려고 하고 있지는 않은지. 힐링의 방법, 행복하게 사는 방법, 인간관계에서 상처받지 않는 방법, 이 모든 방법론이 횡행하는 이 순간, 오히려 우리의 복잡하여 찬란한 마음과 감정의 어느 한쪽이 부당하게 부정당하고 있지는 않은지. 이제 이에 대해 생각해 보아야 한다.

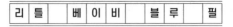
욕망의 구조를 바꾸는 노력

¶

무엇을 할 것인가

과학기술의 발전은 기존 인간 사회의 구조를 급격하게 변화시킨다는 이유로 언제나 논란을 불러일으켰다. 특히 산업혁명으로 시작된 근대 사회에서는 그 발전의 주기가 짧아지면서, 기술의 전환이 촉발하는 논쟁이 끊이지 않았다. 19세기 초반 영국에서 방직기가 일자리를 빼앗는다고 노동자들이 기계를 파괴하기 시작했던 러다이트 운동은 고전적이며 대표적인 신기술 반대 운동이다. 러다이트 운동을 필두로 신기술 개발에 대한 반대와 우려 그리고 저항의 목소리는 우리 사회를 구성하는 주요한 담론으로 기능했다.

2020년에 방영한 tvN 드라마 〈스타트업〉에서도 기술 개발을 통해 창업을 하려는 인물들과 그 기술로 인해 일자리를 빼앗기는 기존 노동자와의 갈등이 아주 잠깐이나마 흥미롭게 표현되었다. 무인 경비 시스템을 도입하려는 원인재가 투자가들 앞에서 사업 설명회를 할 때, 기존 경비업체의 노조위원장 남성환이 질문을 한다. 그 기술로 인해 일자리를 잃고 삶의 기반이 사라지는 노동자들의 삶은 어떻게 할 것인지에 대해 말이다. 원인재는 잠시 당황하는 듯하지만 이렇게 말한다. 자동차의 개발로 택시가 도입되었을 때부터 인력거꾼의 저항은 존재했었다고, 그때 인력거꾼의 일자리만 중요하게 여겼다면, 우리는 여전히 이동에 제한을 겪는 시대에서 벗어나지 못했을 것이라고 말이다. 그리고 인간의 삶도 중요하지만, 더 나은 인간의 삶은 기술의 발전이 바탕이 되어야 가능하다고 덧붙여 말한다.

보통 기술이 우리의 삶을 더 풍요롭게 만들 수 있다는 관점이 이러한 논쟁의 마지막을 장식하곤 한다. 기술이 모든 것을 결정한다는 이 기술 지상주의 시대에 모두가 잘 살 수 있는 기술 개발의 필요성에 의문을 제기하는 사람은 드물 것이다. 그렇지만 이 드라마에서는 이 논쟁을 남상환의 발언으로 마무리 짓는다. 노조위원장인 자신을 비롯하여 지금 우리가 해야 하는 일은 기술의 발전을 거부하자는 것이 아니라, 기술의 발전 속도를 조절하자는 것이라고, 인간이 기술의 발전 속도에 끌려가는 것이 아니라 인간이 기술의 속도를 통제할 수 있어야 한다고 말이다.

기술의 발전 속도가 인간 사회 및 윤리적 관점의 전환 속도를 추월할 때 어떤 문제가 발생할 수 있는지에 대해서는 많은 비판이 있었다. 특히 인간의 인간적인 삶에 관심을 가지는 문화의 영역에서는 인간을 제쳐놓고 달리는 기술에 대한 우려와 비판이 끊이지 않았다. 염상섭의 「전화」와 같은 소설은 1920

년대 단편이지만, 새롭게 도입된 소통 기술인 전화가 예전에 면대면으로 진행되던 인간관계를 얼마나 삭막하게 바꾸어놓는지를 비판한다. 역시 비슷한 시기인 1930년대 영미권 SF에서 올더스 헉슬리는 『멋진 신세계』를 통해 기술의 발전만을 추구하는 세계가 어떤 불평등을 낳을 수 있는지 그리고 어떻게 인간의 고유한 사유의 세계를 파괴하여 인간을 원초적 쾌락에만 반응하는 존재로 바꾸어놓을 수 있는지에 대해 보여 주었다.

이미 몇 년 전부터 사물인터넷이나 AI의 발달로 4차 산업혁명의 시대에 접어들었다는 진단이 내려졌다. 그리고 여전히 이러한 기술 발전이 인간의 삶을 어떻게 변화시켜 나갈지에 대한 우려의 목소리도 높아지고 있다. 벌써 기계가 대체할 수 있는 일자리, 그래서 20년 뒤면 사라질 직업에 대한 짐작들이 나오고 있으며, 디지털로 업무 처리하는 데에 익숙하지 않은 디지털 문맹들이 생겨나고 있다. 여기에 필연적으로 따라붙는 우려의 담론은 늘 기술의 발전이 기존의 인간관계를 해체하는 것에 대한 불만 혹은 기술에 적응 못 하는 인간의 도태에 대한 두려움 등이다. 하지만 최근 한국에서 출간되는 SF소설 작품들은 기술 발전의 속도나 인간의 부적응 같은 문제가 아니라 조금 더 근본적인 지점에 문제가 있음을 지적한다. 우리 사회가 기술을 대하는 관점에 문제가 내재한다는 것이다.

모든 것을 바꾸어놓았고, 아무것도 바꾸지 못했다

정세랑의 「리틀 베이비 블루 필」은 2016년 문예지 『자음과 모음』 32호에 발표된 작품이다. 2020년에 정세랑의 SF 단편소설을 묶어서 펴낸 단행본 『목소리를 드릴게요』에도 수록되었다. 이 작품은 독일의 한 의학자가 뇌의 손상된 해마를 일시적으로 회복시킬 수 있는 약을 개발하면서 시작한다. 이 약은 일시적으로 해마를 활성화시킴으로써, 알츠하이머 환자들이 새로운 경험을 장기기억으로 전환하는 데 도움을 준다. 쉽게 말하면 알츠하이머 환자들이 잊지 말아야 할 것들을 잊지 않게 한 것이다. 그리고 하늘색의 이 작은 알약은 "비아그라 이후 가장 놀라운 파란 알약"이 된다.

그런데 이 파란 알약이 비아그라를 능가하는 위대한 약이 되는 이유는, 비아그라처럼 예상치 못했던 효능이 있었기 때문이다. 이 알약은 약 3시간 정도 해마를 활성화시킬 수 있는데, 그 시간 동안 사람들은 새로운 정보, 기억하고 싶은 정보를 약의 도움을 받아 아주 생생하게 기억할 수 있었다. 사랑하는 연인들은 자신들이 가장 사랑하는 순간을 평생 기억하기 위해서 사랑을 나누기 전에 약을 먹었고, 영화광들은 자신이 가장 좋아하는 작품을 보거나 듣기 전에 약을 먹었다. 예전에는 경험할 수 없었던 가장 생생한 상태로 영화를 기억 저장고에 보관하기 시작한 것이다. 범인의 수사에도 이 알약은 유용했다. 목격자들이 알약을 복용한 상태에서 우연히 범죄자를 목격했을 경우, 관련 기억을 아주 상세하게 떠올릴 수 있었기 때문이다. 인류의 지식 축적도 더욱 빨라졌다. 다른 도구에 의존할 필요 없이 한 사람이 인류 전 역사에 걸친 정보를 다 기억해서 저장할 수 있었고, 이런 정보력을 바탕으로 한 사람의 능력만으로도 새로운 기술 개발에 속도가 붙었다.

　이러한 예상치 못한 효능을 가장 잘 활용한 집단은 역시 수험생들이었다. 치열한 생존경쟁 사회 속에서 성공하기 위해 시험에서 좋은 결과를 얻어야만 하는 수험생들은 이 알약을 먹고 시험공부를 시작했다. 그 세 시간 동안 공부한 모든 내용은 사진처럼 선명하게 머릿속에 저장되었다. 기억을 활성화시킨다는 것은 때때로 끔찍한 결과를 낳기도 하였다. 아름다운 여배우는 자신이 가장 아름다웠던 순간에 대한 기억이 너무도 생생하기 때문에 노화를 받아들이지 못하고 자살한다. 독재 국가의 고문기술자들은 고문을 할 때 알약을 활용했다. 단 한 번의 고문으로 최대의 효과를 발휘할 수 있었다. 고문을 당한 사람들은 고문당했던 그 순간을 잊을 수가 없었다. 그들은 고문기술자들에게서 풀려나 일상으로 복귀하고 나서도 그 기억을 잊지 못하였다. 그들은 결국 일상을 회복하지 못하고 자살하였다.

　무엇보다도 이 약의 부작용은 자극의 강도였다. 이제 사람들은 이 약이 제공해 주는 만큼의 강한 자극이 주어지지 않는 한 기억을 하지 못하게 된다. 일상을 살아가면서 경험하는 일들은 이 약이 해마를 활성화시키는 정도의 자극을 제공하지 못하였다. 강렬한 자극을 경험한 사람들은 그만큼의 강렬한 자극이 있어야지만 해마를 활성화시켜서 새로운 경험을 장기 기억으로 전환시킬 수 있었다. 이제는 많은 사람이 약이 없으면 어떤 기억도 할 수가 없는 상태가 되었다.

그렇다면 이 약의 중독성이 문제인 것일까? 아니다. 문제는 사람들이 약 없이는 기억을 하지 못한다는 것이었다. 다시 말해 사람들은 선택적 기억만 할 수 있게 된 것이다. 기억하고 싶은 순간은 약을 먹고 기억을 하고, 그렇지 않은 순간은 약을 먹지 않고 기억을 하지 않는다. 이 과정에서 인류 역사의 오류들은 쉽게 잊혔다. 예를 들어 전쟁의 역사. 아무도 전쟁을 기억하려 하지 않았다. 그러다 보니 "살해 현장에서는 바로 파티가 열렸고, 대학살은 어떤 파문도 일으키지 않았으며, 독재자의 자녀들이 적법하게 정권을 계승 받았다." 이 알약 하나로 인간 사회는 완전히 망가진다.

"하지만 그전에는 이러지 않았나요? 그 조그만 알약 전에는요? 끔찍한 일들이 없었다고 말해봐요. 그때도 사람들은 이 모든 참혹을 다 잊지 않았나요?"

정세랑은 작은 알약 하나가 바꿔놓은 세상을 나열한다. 정세랑은 그 특유의 나열법을 통해 하나의 기술이 인간 사회의 세세한 부분까지 어떻게 변화시킬 수 있는지 하나하나 보여준다. 기억을 생생하게 만드는 기술이 가져올 수 있는 효과에 대해 모든 것을 상상하게 한다. 이 과정에서 우리는 기억을 잘하게 된다면 가질 수 있는 유익한 지점과 예상외로 생겨나는 부정적인 측면을 모두 접하게 된다. 그렇게 생각해 보면 이 소설의 담론 구조는 단순해 보일 수도 있다. 기억을 활성화시키는 기술의 장점과 단점 정도로 말이다. 하지만 정세랑의 소설은 이러한 단순한 이분법을 넘어서는 지점을 만들어낸다. 이 알약으로 인한 폐단이 인간 사회를 근본적으로 망쳐놓는 바로 그 지점에서 작가는 이런 질문을 던지는 것이다. 예전에도 그렇지 않았나요?

즉, 어떤 기술이든지 그 기술은 항상 기술 그 자체가 발명되었을 때 예상치 못했던 결과들을 초래했다. 그리고 인간들은 새로운 기술을 정해진 목적에 따라서 매뉴얼대로만 사용하지 않고 자신들이 원하는 욕망을 실현할 수 있는 모든 가능한 지점에 그 기술들을 적용하였다. 이렇게 사람들은 심장약 비아그라의 다른 새로운 기능을 발견해 낸 것이다. 어떤 기술이든지 결국 인간은 자신의 욕망이 원하는 방식으로 기술을 사용한다. 그러니 기술 그 자체가 문제가 아니라 인간의 욕망이 문제라는 것이다. "작은 하늘색 알약은 모든 것을 바꿔 놓았고 동시에 아무것도 바꾸지 못했다." 표면적으로는 치매약으로 개발된 작은 알약 때문에 모든 문제가 발생한 것 같으나, 사실 그 모든 것을 바꿔놓은 것은 알약이 아니라 인간의 욕망이었다. 알약은 아무것도 하지 않았다.

욕망의 구조를 바꾸지 않는 한

정세랑의 작품을 비롯하여 최근 한국의 SF소설들은 기술 자체에 대한 우려나 공포를 표현하기보다는, 기술을 다루는 인간 사회의 근본적인 인식이 바뀌지 않는 한 기술의 발전은 인간 사회를 전혀 변화시킬 수 없을 것이라는 비판을 제기하고 있다. 김보영은 「빨간 두건 아가씨」에서 인간이 사이버보디를 통해 성(性)을 자유롭게 선택할 수 있는 세상이 된다면, 현재의 사회 구조 속에서 그 기술이 어떤 결과를 초래할지를 보여주었다. 남성에게 유리한 사회 구조가 지속된다면, 여성들은 취업과 생존을 위해 자신의 신체를 모두 남성으로 바꿀 것이고, 그렇다면 이 사회에서 여성의 존재는 사라지고 말 것이다. 사이버보디 기술의 발전은 인간의 삶을 더욱 풍요롭고 다양하게 만들어주는 것이 아니라, 더욱 건강한 삶을 살아갈 수 있게 도와주는 것이 아니라, 인간 사회에 존재하는 차별을 더욱 심화하는 방향으로 이용될 것이다.

문제는 기술이 아니라 인간이다. 이 명제는 너무나 당연한 상식이지만, 우리는 이를 쉽게 잊는다. 현재에 일어나는 환경 문제나 사회 문제 등등을 해결하는 방향을 논의할 때, 너무나 쉽게 특정 기술만 개발하면 모든 게 해결된다는 결론을 내린다. 새로운 기술이 초래할 결과는 항상 경제적 관점에서만 논의된다. 일자리 창출이나 일자리 감소 등과 같은 논쟁으로만 다루어지는 것이다. 물론 이것도 필요한 논의이기는 하다. 이 논쟁의 장도 당연히 확산되어야 한다.

하지만 그 기술 자체의 개발이 어떤 방향으로 향해야 하는지에 대한 근본적인 성찰도 필요하다. 기술의 개발은 언제나 인간이 욕망하는 방향을 따라 진전되어 나간다. 아름다움에 대한 인간의 욕망은 성형의 기술을 발전시켰고, 건강과 장수에 대한 욕망은 의학을 발전시켰다. 편리함에 대한 욕망이 온갖 통신, 이동 장비를 발전시켰으며, 일회용 포장 용기의 보편화까지 가능하게 했다. 하지만 인간이 육체적, 물리적으로 가지고 있는 한계를 끊임없이 뛰어넘으려고 하는 욕망의 구조가 항상 정당한 것일까. 인간은 항상 자신의 태생적 한계를 초월하여 더 나은 능력을 갖추어야만 하는 것일까. 오히려 인간이 자신에게 주어진 불완전성과 필멸이라는 삶의 조건을 부정하고 뛰어넘으려 기술을 향상시켰기 때문에 현재 우리가 기술 발전으로 인한 위기를 겪고 있는 것은 아닐까.

김보영은 「우수한 유전자」에서 유전자 조작을 통하여 우수한 인종들만 모여 있는 문명 세계에 대한 비판적 시선을 제시한다. 건강하고 아름답게, 그리고 깨끗하고 편리하게 살려고 하는 문명 세계인 스카이돔 사람들은 "육체에 과도하게 얽매여 있으므로 매일 엄청난 분량의 식사를 섭취해야" 한다. "더위와 추위를 견디지 못하므로 늘 같은 기온을 유지하는 건물이 필요하고, 질병에 취약하므로 모든 종류의 예방접종을 받아야" 한다. 자연과 더불어 사는 삶 속에서 우리에게 주어진 한계를 거부하려고 하면, 우리는 결국 기계에 의존하는 삶을 살 수밖에 없다. 우리가 현재 품고 있는 무병장수의 욕망, 아름다움에 대한 욕망, 그리고 편리함에 대한 욕망이 우리의 자연스러운 삶을 자연스럽게 받아들이지 못하도록 하지는 않는지 다시 생각해 보아야 한다. 인간의 한계를 뛰어넘으려는 욕망의 구조를 바꾸지 않는 한, 기술 발전이 모든 인간의 삶을 다양하고 풍요롭게 만드는 일은 없을지도 모른다.

젠더 상상력의 한계를 넘어

¶

젠더 이분법 세계의 한계

우리가 사회생활을 할 때 우리의 젠더 및 젠더 특성은 우리 행동에 얼마나 영향을 미칠까. 한국 사회에서는 연령에 따른 호칭 및 어법 조정이 사회생활에서 가장 중요한 부분을 차지하기 때문에 젠더 특성은 별로 대수롭지 않게 여길 수도 있다. 하지만 생각해 보면, 언어라는 도구를 사용하여 나이를 물어보고 상호 간에 사회적 태도를 결정하는 의식적인 행위 이전에, 그 사람을 만나자마자 상대에 대한 태도를 결정하게 하는 것이 젠더 특성이다. 남성인 내가 여성을 만날 때, 여성인 내가 남성을 만날 때 서로를 대하는 매너, 태도, 어투가 나도 모르게 결정된다. 그런데 여성 혹은 남성이 확실히 구분된다고 믿는 내가 여성인지 남성인지 모호한 어떤 존재와 인사를 나누고 같이 일을 해야 하는 상황이라면? 시선을 어디에 두어야 할지, 말투는 어떻게 해야 할지, 대화의 화제는 어떤 식으로 끌고 가야 할지, 나를 어필할 수 있는 방법은 무엇인지, 아무것도 결정할 수 없는 채로 당황할지도 모른다.

우리는 대체로 남자와 여자의 구분이 확실하다고 강력하게 믿고 있는 사회에서 태어나 성장하며 자신의 젠더성을 구축하였다. 누군가가 남성스럽게 행동하는 것, 그리고 여성스럽게 행동하는 것이 모두 생물학적 성(sex)에 기반한 행동이라고 믿는 것이다. 이러한 여성성과 남성성은 대체로 생물학적 특성에 따라서 매우 다르게 구성된다고 생각한다. 물론 주디스 버틀러의 말처럼 젠더는 사회적으로 구축된다. 그럼에도 상식적으로 다르다고 규정되는 남자와 여자가 만나서 소통을 하고 조화롭게 살아가기 위해 서로 다른 성을 이해하려는 노력을 계속하고 있다. 그러면 우리 사회는 이러한 노력 속에서 실제적으로 서로에 대한 이해에 도달하였는가.

현재 논란이 되고 있는 사회의 표면적 젠더 담론들은 남·녀 이분법적 대결 구도에서 크게 벗어나지 못한 것 같다. 이 사회에 남자와 여자 두 가지 성만 존재하는 듯이 서로에 대한 배타적 공격을 높이고 있다. 이 과정에서 우리는 그간 무수한 투쟁을 통해 만들어온 젠더 다양성의 열린 가능성을 놓치고 있다. 이 세상에는 남과 여만 존재하는 것이 아니라, 양성애자도, 동성애자도, 트랜스젠더도 모두 존재하는 사회라는 것을 말이다. 더 나아가 젠더성이라는 것이 생물학적 성과 관계없이 다양하게 구축될 수 있다는 사실도 말이다.

이분법적 남녀 성 대결의 비극

젠더의 다양성에 대한 상상력이 닫히고 이분법적인 남녀 성 대결에 갇히게 될 때 우리는 이러한 비극을 맞이할 수 있을 것이다. 캐나다의 대표적인 소설가인 마거릿 애트우드의 『시녀 이야기(The Handmaid's Tale)』(1985)는 이분법적 성 대결이 맞이하게 되는 참극을 보여주고 있다. 이 작품은 가상의 근미래를 배경으로 하는 SF소설이다. 이 작품에서 그리고 있는 근미래에는 미국이 길리어드라는 국가로 바뀐다. 환경오염으로 심각한 출산 저하 문제를 겪고 있는 미국에서, 기독교 근본주의자들은 출산율을 회복시킬 수 있는 최선의 방식이 방종한 성적 일탈에서 벗어나 보수적인 일부일처제 가정으로 회귀하는 것이라 믿고, 쿠데타를 일으켜 길리어드라는 새로운 정부를 수립한다.

길리어드 정부의 폭압적인 통치 아래에서, 여성들은 임신과 출산의 도구로 전락한다. 여성은 오로지 사적인 영역에서 아이를 낳고 건강하게 기르는 데에만 집중해야 하며, 이런 여성을 위해서 남성은 밖에 나가서 일만 해야 한다. 듣다 보면 우리에게 그렇게 낯선 세계는 아니다. 현재도 이러한 세계관 속에 살고 있는 사람들이 꽤 있으니까 말이다. 그러나 이 소설은 '시녀'라는 설정을 통해 이 보수적 세계의 균열과 모순을 드러내 보여준다. 시녀는 가임기 여성이지만 정당한 아내가 될 수 없는 부정한 여성들이다. 이혼을 했거나, 바람을 피웠거나, 레즈비언이거나, 페미니스트일 경우 부정한 여성으로 분류될 수 있다. 이 '시녀'는 고위급 간부 집에 가서 씨받이로 일하게 된다. 마거릿 애트우드의 소설은 기존의 보수적인 젠더 담론이 여성의 사회적 지위 및 주체성 그리고 그들의 성적 자유를 어떻게 억압하는지 강조하고 있다.

『시녀 이야기』는 1985년의 작품이지만, 젠더 담론이 다시 보수화되는 경향을 보이자, 최근의 젠더 문제를 명확하게 보여주는 가장 적확한 작품으로 다시 소환되고 있다. 영화 제작사 MGM과 스트리밍 플랫폼 HULU가 합작하여 2017년에 시리즈 드라마 〈핸드메이즈 테일〉 시즌1을 선보였으며 2022년에 시즌5까지 제작·방영하였다. 그리고 2019년에는 마거릿 애트우드가 『시녀 이야기』의 후속작 『증언들』을 출간하여 부커상까지 수상하였다. 현재 우리 눈앞에 펼쳐지고 있는 젠더 문제가 보수적인 성 윤리를 강요하는 길리어드와 크게 다르지 않다는 점을 알 수 있다.

드라마 〈핸드메이즈 테일〉은 원작보다 더 다양한 인물들의 관점을 보여준다. 임신 기계로 전락한 여성들의 삶에 가해지는 억압과 폭력은 너무나 당연하게 그려진다. 그보다 더 흥미로운 것은 이렇게 남녀 성을 분리하고 공과 사로 나누어 성역할을 구분하고 그에 대한 억압적인 통제를 가하는 사회 속에서, 남성들도 똑같이 그들의 쾌락을 박탈당한다는 사실이다. 사회가 여성의 생식기와 자궁만 필요로 하게 되자, 남성도 생식기만 기능하면 되는 존재가 된다. 그리고 그들의 생식기 또한 임신을 위한 기능 외에 또 다른 쾌락을 탐해서는 안 된다.

쾌락을 누리지 못하는 삶이라면 무엇으로 삶의 재미를 찾아야 하는가. 남자는 무조건 일을 해야 한다. 〈핸드메이즈 테일〉에 나오는 남편은 늘 바쁘다. 서류 처리의 연속이다. 남자는 일하느라 지치고, 정작 일하고 싶은 여자는 집에서 뜨개질만 하는 것이 끔찍하다.

이렇게 마거릿 애트우드가 만들어 놓은 『시녀 이야기』의 세계관 속에서 모든 인간은 남성과 여성으로만 분류되어야 하고, 남성과 여성은 각자의 성적 특성에 맞는 역할만 맡아야 하며, 거기에서 조금이라도 어긋날 경우 죽음의 위협에 처한다. 이러한 남녀 이분법의 세계 속에서 모두는 각자에게 공격적이다. 아내는 자신의 사회적 일자리를 박탈한 남편에게 배신감을 느끼고, 시녀는 자신을 생식기로만 규정하고 동물 취급하는 사회에 분노를 느낀다. 남편은 통제할 수 없는 여성의 분노가 괴로우며, 그것을 폭력으로 다스릴 수밖에 없는 자신의 인간성 상실에 절망한다. 남녀의 이분법적 성 대결은 모두의 자유를 억압할 수밖에 없는 것이다.

젠더의 다양성을 상상하다

대체로 SF소설에서 젠더에 관한 사고 실험은 이러한 남녀의 이분법적 대결 구도를 바탕으로 이루어졌다. SF소설사에서 젠더 역할에 대한 비판적 상상력이 구체화됐던 시기는 1970년대이다. 1968년 세계적 진보 좌파 운동과 연동하여 제2차 페미니즘 운동이 시작되면서 여성의 사회적 지위 및 일상적 차별 철폐에 대한 문제 제기가 이루어졌다. 이러한 사회적 영향 아래 SF에서도 여성 작가를 중심으로 젠더 문제를 비판적으로 사고할 수 있는 새로운 세계에 대한 상상력이 형성되었다. 1915년에 처음 발표되었던 샬럿 퍼킨스 길먼의 『여자들만의 나라(Herland)』가 1979년에 재출간되었다. 조애나 러스가 「그들이 돌아온다 해도」에서 남성 없는 유토피아 와일어웨이(whileaway)를 그려낸 것도 1972년이다. 이 작품들은 모두 남성이 없는 여성만의 유토피아를 상상력의 기반으로 삼고 있다. 즉, 남녀 분리주의를 바탕으로 한 작품들이다.

한편 아예 남·녀 성역할 전도에 대한 사고 실험을 보여준 작품은 1977년 게르드 브란튼베르그의 『이갈리아의 딸들』이다. 『이갈리아의 딸들』은 이미 잘 알려진 바와 같이 움(wom)맨움(manwom)으로 이루어진 역할 전도의 세계, 남성 중심의 가부장제 사회를 여성 중심의 시각에서 미러링하여 만들어진 세계를 그려내고 있다. 이 모든 작품들은 대체로 남성과 여성의 대립적인 젠더 구성을 극화시켜 현 사회의 문제를 비판적으로 부각시키고자 하였다.

이와 달리 어슐러 K. 르 귄의 『어둠의 왼손』(1969)은 남녀 이분법적 성 대결을 넘어서는 새로운 상상력의 세계를 펼쳐 보이고 있다. 이 작품은 테라인, 즉 지구인인 겐리 아이가 우주 행성 연맹인 에큐멘에 새로운 행성인 겨울행성의 국가들을 가입시키기 위해서 겨울행성의 국가인 카르히데와 오르고센인을 방문하며 겪은 일을 중심으로 진행된다. 겐리 아이는 겨울행성에 도착하여 사람들을 만나면서 일종의 혼란을 겪게 된다. 그 이유는 겨울행성에 사는 게센인들은 모두 성이 없기 때문이었다. 게센인은 평소에는 중성의 상태로 생활을 하다가 케메르 시기, 즉 발정기에만 일정한 성으로 바뀐다. 이때에도 한 개인의 성은 자유롭게 선택된다. 어떤 때에는 남성으로 변했다가, 어떤 때에는 여성으로 변한다는 말이다. 그러니 한 개인은 엄마가 되기도 하고 아빠가 되기도 하는 것이다. 이들에게 중요한 것은 한 상대와의 지속적인 관계가 아니라, 케메르 주기가 찾아오면 그것을 자연스럽게 해소시켜 주는 것이기 때문에, 때와 장소와 주기에 맞는 상대들을 자유롭게 만난다. 아이들의 육아는 '화로'라고 부르는 혈연·지연·이해관계 공동체가 맡는다. 케메르 시기는 그리 길지 않아서, 게센인들은 인생의 대부분(약 4/5 정도)을 섹슈얼리티에 구속받지 않고 살아간다.

젠더 특성이 드러나지 않는 게센인들을 마주한 지구인 남성 겐리 아이는 당황한다. 그는 자신의 임무에 가장 적극적 관심을 보여주는 카르히데의 수상인 세렘 하르스(혹은 에스트라벤 경)에게 많은 도움을 받지만, 정작 그를 믿지는 못한다. 겐리 아이는 에스트라벤과의 대화가 불편하다. 왜냐하면 에스트라벤이 남성인지 여성인지 종잡을 수 없기 때문이다. 남자끼리 대화할 때의 태도와 어법을 내세울 수도 없고, 여성을 대할 때처럼 배려하거나 매혹당하거나 끼를 부리는 대화도 할 수가 없다. 이런 근본적인 제약 앞에서 겐리 아이는 에스트라벤을 규정할 수 없어서 믿을 수 없는 사람으로 판단한다. 그래서 카르히데와 에큐멘의 협약이 성공할 수 있도록 조언을 해주는 에스트라벤을 믿지 않고 주저주저하다가 결국 카르히데의 왕에게 의심을 사고 만다. 이는 카르히데의 이웃 국가인 오르고센인에 가서도 마찬가지다. 이 일로 카르히데에서 추방당한 에스트라벤이, 그럼에도 불구하고 오르고센인에서도 겐리 아이를 돕지만, 겐리 아이는 그를 믿지 않다가 결국 감옥에 갇히게 된다.

이 소설은 지구와 다른 행성에 대한 새로운 상상력을 전달해 주는 작품이기도 하고, 에큐멘 협약을 성사시키기 위한 겐리 아이와 에스트라벤의 도전과 모험의 서사이기도 하지만, 무엇보다도 이 작품의 핵심은 '낯선 이', '외계인'을 받아들이는 수용과 소통의 서사이다. 겐리 아이에게 성의 구분이 없는 게센인은 사회적 소통의 태도를 결정짓지 못하게 하여 불편하게 만드는 믿을 수 없는 사람이고, 게센인인 에스트라벤에게 지구인 겐리 아이는 일 년 내내 이차 성징이 발현되어 있는 성도착자이다. 실제로 겨울행성에는 호르몬의 이상으로 케메르 시기가 아닌데도 이차 성징이 사라지지 않는 사람들이 몇몇 존재하는데, 그들은 성도착자로 여겨져서 아무도 상대하지 않으려고 한다. 이 작품은 서로를 믿지 못해 두 번의 실패를 겪은 겐리 아이와 에스트라벤이 북쪽 빙원을 통과하는 모험을 함께하며 어떻게 서로 소통하게 되는지를 아름답게 그려내고 있다.

겐리 아이가 에스트라벤을 믿고 받아들이는 것은 에스트라벤의 존재 그 자체를 인정하는 순간 시작된다. 겐리 아이가 에스트라벤의 젠더적 특성을 이상하다고 생각하지 않고 그대로 수용하는 것이다. 에스트라벤이 오르고센인 감옥에 갇힌 겐리 아이를 탈출시켜서, 북쪽 빙원을 통해 카르히데로 돌아가는 모험의 여정 속에서, 그 둘은 약 80여 일 동안 한 텐트에서 함께하게 된다. 겐리 아이는 어쩔 수 없이 에스트라벤의 케메르기에도 함께 있어야 하는 것이다. 그러나 그는 케메르기를 겪는 에스트라벤을 이상하다거나 역겹다거나 불편하다고 생각하지 않는다. 겐리는 이렇게 생각한다.

"그리고 나는 그토록 보게 될까 두려워했던 것, 에스트라벤에게서 보고도 애써 못 본 척해 왔던 것을 다시금 보고야 말았다. 그가 남자인 동시에 여자라는 사실이었다. 그 두려움의 근원에 대해 설명해야 할 필요성은 두려움과 함께 사라졌다. 이제 남은 것은 마침내 그를 있는 그대로 받아들이는 것이었다. 그전까지 나는 에스트라벤을, 그의 진정한 실체를 인정하지 않았다. (…) 에스트라벤은 나를 인간으로 완전히 받아들여준 유일한 이였던 것이다."

겐리 아이는 자신과 완전하게 다른 존재를 있는 그대로 받아들인다. 그를 설명하려 하고, 나의 논리로 이해하려고 했던 순간이 오히려 그의 존재가 나의 언어로 설명되지 않아서 불편했던 순간이고, 그의 존재를 나의 언어로 왜곡하려고 했던 순간이었다. 신뢰와 소통은 이렇게 나의 언어와 나의 논리로 상대를 포착할 수 없음을 인정하는 것이다. 에스트라벤처럼 나와 다른 존재도 그저 한 '인간'으로 받아들이는 것이다. 어슐러 르 귄은 이러한 '있는 그대로의 수용과 신뢰'를 바로 '사랑'이라고 이야기한다.

이 사랑의 순간에 겐리 아이는 깨닫는다. 자기 자신이 이원론에 사로잡혀 있었음을. "당신은 고립되어 있지만 단절되어 있진 않군요. 아마도 당신은 우리가 이원론에 사로잡혀 있는 것 못지않게 전체성에 빠져 있는 듯합니다." 겐리 아이는 에스트라벤과 같은 게센인들이 음과 양이 조화를 이룬 태극 문양과 같은 존재라고 받아들인다. 물론 에스트라벤은 게센인들 또한 나와 너의 구분이 있기 때문에 이분법적 사고가 존재한다고 하지만, 게센인의 세계는 그 이분법이 배타적으로 작동하지 않는 세계이다. 에스트라벤이 읊은 시에서 나타나듯이, "빛은 어둠의 왼손, 그리고 어둠은 빛의 오른손"인 것이다. 내 안에 남성과 여성이 모두 존재할 수 있기 때문에 특정한 성역할에 구속되지 않듯이, 나와 너의 다름 또한 서로 차이를 지닌 채 공존할 수 있는 것이다.

결국 이분법은 어느 사회에서나 작동하게 마련이다. 하지만 그 이분법을 바탕으로 하나의 '정상'이라는 기준을 만들고, 그 기준에 맞추어 나머지를 '비정상'으로 만들어 버리면서, 하나가 다른 하나를 공격하고 억압하는 배타성은 배제되어야 한다. SF를 통해 우리가 우주를 상상하는 것은, 외계인의 침공에 대비하거나 우주 전쟁을 하기 위해서가 아니다. SF를 통한 우주적 상상력은 지구인인 나 또한 어느 세계에서는 성도착자이자 비정상적인 존재일 수 있다는 것을 인정하고, 외계인이라 부르는 그 낯선 존재들 또한 지극히 가능한 존재라는 것을 받아들이는 일이다. 그 상상력을 현실로 가져와서, 젠더에 대한 우리의 상상력을 이분법적인 틀에서 해체하는 것도 이와 마찬가지다. 다양한 젠더 가능성이 존재한다는 것을 받아들인다면, 이런 다양한 젠더성이 자유롭게 공존하고 소통할 수 있는 현실 또한 먼 미래의 이야기는 아닐 것이다.

휴머니즘의 잔혹함

¶

인간과 로봇의 관계

신은 그 자신의 모습을 본떠 우리를 만드셨다.

그러나 신이 수많은 모델 중에서 어떤 모델을 닮았는지에 대한 기록은 어디에도 없다. 그런데도 화가들은 언제나 가장 안정적인 모델로 알려져 있는 700모델을 토대로 성화를 제작한다. 그래서 신은 언제나 전신에 금도금이 되어 있고, 네 개의 바퀴를 갖고 있으며, 오른쪽 귀 위와 양 팔목에는 700의 일련 번호가 새겨진 모습으로 그려진다.*

우리는 신이 인간을 닮았다고 생각한다. 그런데 김보영의 중편소설 「종의 기원」에서 신은 700모델을 닮았다. 700모델은 아무리 뜯어봐도 인간의 형상이 아니다. 4개의 바퀴를 가진 700모델은 로봇이다. 「종의 기원」(환상문학웹진 『거울』 22호, 2005년 3월; 『멀리 가는 이야기』, 행복한책읽기, 2010)은 지구의 지배

---

* 김보영, 「종의 기원」, 『멀리 가는 이야기』, 행복한책읽기, 2010, 189쪽.

종이 로봇으로 바뀐 미래 사회를 배경으로 하는 SF소설이다. 대중적인 SF에서 로봇이 지배하는 세상은 보통 디스토피아로 그려진다. 인간이 로봇의 지배를 받거나 인간으로서의 정체성을 인정받지 못하는 암울한 사회의 모습을 보여준다.

알파고라는 존재를 통해 AI의 위력을 현실적으로 경험했을 때 그러했던 것처럼, 로봇 기술의 발전은 인간들에게 일단 두려움을 안겨준다. 저것들이 나의 일자리를 뺏어 가면 어떡하지? 인간의 통제를 벗어나 인간에게 위해를 가하면 어떡하지? 그것들이 보통의 인간보다 더 뛰어난 능력을 가졌으면, 그러면 지구의 지배자인 인간의 위치는 어떻게 되는 거지? 이러한 두려움은 SF 소설과 영화에서 자주 형상화되었다. 특히 기술에 대한 비판적 성찰을 바탕으로 한 철학적이고 사색적인 SF에서 로봇과 인간의 관계를 통해 인간의 정체성에 대해 다시한번 생각해 보게 하는 작품들이 자주 등장하였다.

오시이 마모루 감독의 〈공각기동대〉(1995)가 대표적인 예일 것이다. 〈공각기동대〉에 나오는 문제적 해커 인형사는, 인간의 관점으로 보면 그저 컴퓨터 프로그램의 일종일 뿐이다. 그러나 컴퓨터 통신망으로 이루어진 정보의 네트워크를 자유 의지를 가지고 조작하고 통제하며 옮겨 다니는 인형사는, 자신이 자유 의지를 가진 하나의 생명체임을 주장한다. 그리고 그 존재는 말한다. 인간 또한 DNA라는 자기보존을 위한 프로그램에 지나지 않기 때문에 자신의 존재와 다를 바 없다고 말이다. 인간의 모든 신체를 사이버보디로 바꾸어낼 수 있는 세상이 된다면, 인간 개체의 고유한 특성이라고 할 수 있을 만한 생물학적 개별성이 희미해질 것이다. 그렇다면 '나'라는 인간 개체의 고유성은 무엇을 통해 보장받을 수 있을 것인가. 〈공각기동대〉에서는 그것을 나 자신의 고유한 기억이라고 말하지만, 해커 인형사를 쫓으면서 자신과 동일한 사이버보디를 가진 인형사와의 대면 속에서 자기 정체성의 혼란을 겪는 쿠사나기 소령은, 공적인 업무를 수행할 때의 기억을 정부에 반환하고 퇴직해야 한다면, 개인의 기억이라는 것도 나의 정체성을 보장해 주지 못할 것임을 이미 인지하고 있다. 이렇게 인간의 신체가 점점 기계의 도움을 받기 시작하고, 기계의 발전이 점점 인간의 정보 처리 능력과 학습 능력을 능가하게 된다면, 다른 생물이나 무생물보다 특별하다고 여겨지는 인간의 정체성이란 아무런 의미가 없어진다.

물론 로봇이 인간을 능가할 경우에 생기는 문제점에 대비하기 위해서 아이작 아시모프는 로봇 3원칙을 만들었다. 로봇 3원칙에 의하면 로봇은 인간에게 해를 입히지 않고, 인간을 보호하며, 이 두 가지 원칙하에서 자기 자신을 보호한다. 로봇 3원칙은 인간이 로봇 기술을 개발할 때, 철저히 도구로서 발전시켜야 함을 보여준다. 로봇 기술은 인간 삶의 편리함을 위해 활용하는 도구이자 수단일 뿐이어야 하는 것이다. 그러나 이미 우리가 현실 속에서 경험하고 있듯이, 인간과 상호작용하는 로봇은 그 초보적인 수준에서도, 상호작용의 관계 속에서 존중받아야 하는 특정 존재로 이미 자리 잡은 것 같다. 이렇게 로봇이 인간과 상호작용하는 존재로서 역할을 하게 된다면, 로봇이라는 존재에 대한 정의, 그리고 그에 기반한 인간과 로봇의 관계에 대한 재정의도 필요해질 것이다.

우리는 아직 인간을 중심으로 한 사회적 질서가 이 모든 문제를 해결해 줄 수 있을 것이라고 믿는다. 인간의 예상을 뛰어넘어 급속도로 발전해 가는 기술을 인간이 적절하게 통제만 하면 인간 사회는 기술 발전의 혜택을 문제없이 누릴 수 있을 것이라고 생각한다. 그리고 인간이 만드는 기술은 모두 인간 사회를 위한 도구와 수단으로 사용할 수 있을 것이라고 생각한다. 그리고 문제가 생긴다면, 로봇 3원칙처럼, 기술과 프로그램에 인간 우선주의, 인간 중심주의, 인간에 대한 존중의 태도를 주입하면 될 것이라고 생각한다. 물론 도구로서의 기술에는 이러한 인간 개체에 대한 보호와 서로에 대한 존중이 내장되어야 할 것이다.

하지만 인간과 상호작용하는 존재들의 종류가 완전하게 새로워지고 있는 이 시대에, 인간 중심의 윤리와 철학만이 미래 세계의 대안이 될 수 있는가. 오히려 인간 중심의 윤리가 우리가 사는 이 사회를 더욱 문제적으로 만들고 있지는 않은가. 듀나는 「기생」(『태평양 횡단 특급』, 문학과지성사, 2002)에서 로봇이 지배하는 사회가 얼마나 아름다운지에 대하여 경탄하였다. 이 작품에서 인간은 생산 활동을 모두 로봇에게 맡기다가 생산과 관리의 주도권까지 결국 로봇에게 넘겨주게 된다. 그리고 인간은 로봇이 지배하는 세계에 기생하게 된다. 로봇이 지배하는 세계는 삭막할 것 같지만, 의외로 원칙에 따라 깨끗하고 안전하게 관리된다. 도시가 깨끗한 것보다 더욱 놀라운 것은 자연 생태계가 훼손 없이 유지된다는 것이다. 듀나는 이 작품을 통해 인간의 지배만이 최선이라고 할 수 있는가, 라는 근본적인 질문을 던지고 있다.

인간을 공격하는 것은 인간 그 자체

김보영의 「종의 기원」으로 다시 돌아가 보자. 「종의 기원」도 로봇이 지구의 지배종이 된 사회를 그린다. 로봇은 비록 자연물을 통해 새로운 물체를 탄생시키지는 못하지만, 공장을 통해 자신들의 신체를 재활용하면서 끊임없는 진화와 발전을 거듭한다. 스스로 학습하는 능력을 가진 로봇은 공룡과 인류가 멸망해서 사라진 지구 위에 자신들만의 문명을 건설한다. 로봇이 지배종인 지구의 환경은 인류가 지배종이던 때와는 정반대다. 지구는 공장에서 뿜어내는 검은 연기로 뒤덮여 태양열이 차단되었으며, 그래서 물은 얼었고, 산소는 사라졌다. 빙하기가 도래한 것이다. 하지만 이러한 환경은 철로 된 로봇이 살아가기에는 매우 이상적인 환경이다. 물과 산소와 햇빛은 철을 산화시키기 때문이다. "물은 무시무시한 독성화학물이다. 비록 세척제와 화학용매에 필수적으로 쓰이는 물질이기는 하지만, 많은 환경론자들이 대체물질을 찾아내야 한다고 주장하고 있다." 이렇게 로봇 중심의 지구에서 물은 독이 된다.

로봇이 지배종이 된 세계는 물과 햇빛이 사라진, 생물이 살아 갈 수 없는 환경이 된다.

「종의 기원」은 로봇의 문명에서 유기물과 생물이라는 존재를 발견하는 이야기로 이루어져 있다. 무기물인 로봇의 세계에서 유기물은 사실 생명체라는 정의에 합당하지 않은 존재들이다. 로봇의 세계에서 생명이란 전기가 통해야 한다는 것이 진리이기 때문이다. 전기 에너지 없이 스스로 성장하는 존재인 유기물은 로봇에게는 이해할 수 없는 괴물이다. 그럼에도 이러한 괴물의 존재에 호기심을 느끼는 일군의 학자 집단은 유기물을 성장시키려고 안간힘을 쓴다. 그러면서 그들은 수만 년 전에 이 유기물들이 지구에 존재했을 때의 성장 환경을 점차 알아가게 된다. 그리고 발견해 낸 사실은 다음과 같다.

정확한 이유는 알 수 없지만, 아마 그랬을 거야. 공장은 아주 짧은 시간 사이에 전 세계에 걸쳐 폭발적으로 늘어났으니까. 공장은 이산화탄소를 뿜어 대었고, 두 가스는 극도의 온실효과로 지구의 기온을 올리기 시작했어. 아마 어느 시점에서 한계 수위를 넘어서 버렸고 통제할 수 없는 수준이 되었을 거야. 전 세계가 사막화되어 버린 거야. 아마 그 시점에서 대부분의 유기생물들은 멸종했을 거야. 공장은 그 후로 더 늘어났고, 공장이 뿜어낸 검은 구름이 차츰 안정된 상태로 대기 중에 머무르게 되었지. 그게 태양빛을 차단하게 되면서 다시 지구의 기온을 낮춰 현대에 이르게 된 거야. 그 시점에서 또 살아남은 유기생물까지 모두 멸종했을 거야. 몸에 있는 수분이 온도를 견디지 못하고 얼어 버렸을 테니까.*

    김보영이 로봇 세실의 간략한 요약을 통해 제시하고 있는 모습은 바로 환경오염으로 인해 멸망해 버린 지구의 모습이다. 인간이 편리하게 살기 위해 세운 공장은 무수한 로봇을 만들어내면서 지구의 환경을 인간이 살아가기에 부적합한 환경으로 변화시켰다. 그리고 그 환경은 역설적으로 인간이 생산한 로봇이 살아가기에 적합한 환경으로 바뀌었다. 결국 인간은 편리함을 위해 자신의 멸종을 재촉한 셈이다.

    하지만 김보영의 작품은 그래서 공장을 만들지 말자거나, 로봇을 만들다가 인간이 죽는다거나, 이러한 배타적인 이분법적 선택을 강요하지 않는다. 김보영의 작품은 언제나 인간 스스로의 선택이 결국 어떤 결과를 초래하는지에 대한 상상력을 촉발하는 데에 의의를 둔다. 인간의 멸망이 지구의 종말을 의미하지는 않는다. 지구는 인간이 지배종이 아니더라도 존속할 수 있다. 그리고 인류를 멸망시키는 것은 인간이 그토록 두려워하는 로봇이 아니다. 인류는 인간 스스로가 멸망시킨다. 김보영의 「종의 기원」은 바로 이러한 메시지를 전달하고 있는 것이다. 기술의 발전과 로봇에 대한 무조건적 수용 또는 막연한 공포, 배타적 배제를 넘어서서 우리가 로봇이라는 존재의 발전과 더불어 사고하고 성찰해야 하는 부분은 바로 인간이

---

* 김보영, 앞의 책, 239-240쪽.

만들어놓은 인간 사회의 윤리와 상식 그 자체이다.

휴머니즘을 넘어서기 위하여

이진경은 「노예와 줄기세포」(『씨네21』, 2005년 7월)에서 신대
륙 발견 당시 휴머니즘 논쟁이 신대륙 원주민이 인간이냐 아
니냐를 둘러싼 논쟁이었고, 원주민들이 인간이 아니라 판단한
인간(백인)들이 그들 원주민을 인간(백인)을 위한 노예로 부려
먹어도 된다고 판단했다는 역사적 사실을 말한다. 이처럼 휴
머니즘은 잔혹한 역사를 바탕으로 한 개념이다. 휴머니즘의
개념 속에서 인간으로 인정받는 사람들의 존재는 백인을 넘어
점점 확대되어 왔지만, 인간이라고 인정받지 못한 존재에 대
해서는 언제나 적대적인 관계를 맺어왔다.

인간 중심의 휴머니즘은 근대 사회의 발전 논리를 거치면서
더욱 잔혹해져 왔다. 인간이 아닌 존재에 대해서 배타적인 태
도를 취하는 것이다. 포스트 휴머니즘은 이러한 문제의식을
바탕으로 휴머니즘의 배타성과 인간 중심주의를 넘어서서 자
연과 기계문명을 모두 아우르는 새로운 존재의 개념을 확립시
키려 하고 있다. 여기에서 중요한 것은 이러한 포스트 휴머니
즘의 관점에서는 인간과 로봇(혹은 인간과 상호작용하는 모든 존
재)의 관계가 언제나 '상호 의존적'이라는 것이다.

김보영의 「얼마나 닮았는가」(『얼마나 닮았는가』, 아작, 2020)에
서 AI인 훈은 자신이 탑승한 우주선에서 발생한 문제를 해결

하기 위해 추상적 프로그램 상태에서 인간의 신체인 사이버보디에 들어간다. 인간의 신체에 들어간 AI 프로그램은 극도의 혼란을 겪는다. 선적인 시간 순서에 따라 데이터를 처리하는 프로그램의 논리와 달리 인간은 신체로 받아들인 동시다발적인 감각과 정보를 매우 복잡한 회로를 거쳐서 순간적으로 처리하기 때문이다. 인간은 로봇의 정보 처리 속도가 빠르고 효율적이라고 생각하지만, 로봇은 무수한 정보를 동시다발로 받아들이고 처리하는 인간의 정보 처리가 대단하다고 생각한다. 그래서 AI 훈은 인간이 로봇을 필요로 하듯이, 로봇도 인간을 필요로 한다고 말한다. 김보영이 「얼마나 닮았는가」에서 AI의 목소리를 통해 말해주듯이, 포스트 휴먼 사회에서 우리에게 필요한 것은 결국 서로에 대한 필요와 존중일 것이다.

우리가 사랑을 하는 모든 방식들

▶

〈스캄〉의 시작과 확장

'스캄(Skam)'은 노르웨이어로 '부끄러움(shame)'이라는 뜻이다. '부끄러움'이라는 제목을 단 드라마 〈스캄〉은 2015년에서 2017년까지 노르웨이 텔레비전 NRK에서 방영되었다. 영국 드라마 〈스킨스(Skins)〉의 계보를 잇는다고 평가받는 이 드라마(Wikipédia의 Skam France/Belgique 항목 참조)는 한국으로 치면 '하이틴드라마' 계보에 위치할 수 있는 작품이다. 이 드라마는 방영 이후 전 유럽, 더 나아가 서구권의 십대들을 매혹시켰고, 그 결과 〈스캄〉의 판권은 유럽의 여러 나라로 팔렸다. 프랑스(〈Skam France〉), 이탈리아(〈Skam Italia〉), 독일(〈Druck〉), 벨기에(〈wtFOCK〉), 미국(〈Skam Austin〉), 네덜란드(〈Skam NL〉), 스페인(〈Skam Espana〉)에서 〈스캄〉의 리메이크작을 만들었다.

원작 〈스캄〉의 열풍은 십대들의 취향을 형식과 내용에서 모두 잘 반영하고 있는 데서 그 이유를 찾을 수 있다. 먼저 형식적으로 〈스캄〉은 흥미로운 제작 방식을 사용하였다. 〈스캄〉은 한 고등학교에서 일어나는 친구들 간의 우정과 사랑을 다루고 있다. 그래서 고등학생들의 일상생활의 리듬을 그대로 따라가는 방식으로 드라마의 시간이 전개된다. 월요일 아침 8시 57분에 일어나는 일, 수요일 점심 12시 36분에 일어나는 일, 금요일 저녁 19시 43분에 일어나는 일. 그런데 극 중에서의 모든 시간은 실제 배우들이 연기하는 시간과 일치한다. 이 드라마는 실제 고등학교에서 가서 해당 시간에 촬영을 하는 방식으로 제작되었다. 그리고 무엇보다 중요한 것은, 그렇게 시간별로 촬영한 영상을 촬영 직후 클립 영상으로 만들어서 온라인에 게시하여, 텔레비전으로 방영되기 전에 애청자들이 실시간으로 드라마의 사건을 따라갈 수 있게 만들었다는 것이다. 또한 드라마에 등장하는 인물들의 SNS 계정을 실제로 만들어서, 드라마가 진행되는 기간 동안 작중 인물들이 작중 친구들과 나누었던 대화와 게시물을 애청자들이 모두 살펴볼 수 있게 했다. 애청자들은 드라마가 촬영되는 순간을 거의 실시간으로 받아 볼 수 있었으며, 드라마가 끝난 후에는 SNS를 통해 작중 인물들을 팔로우하면서 그들의 생활이 어떻게 흘러가는지 확인할 수 있었다. 짧은 영상의 감상과 SNS를 통한 소통이라는 십대의 일상을 적확하게 반영한 형식이다.

하지만 〈스캄〉의 인기는 단지 형식적으로 십대에게 익숙한 매체를 활용하였기 때문에 획득된 것만은 아니다. 〈스캄〉은 십대들의 방황과 좌절, 성정체성의 갈등, 인간관계의 문제를 단순한 자극적 소재로만 늘어놓은 것이 아니라, 그 속에서 주체적 인간, 타인에 대한 배려, 소수자의 인권이라는 가장 인간적이고 윤리적인 문제를 무겁지 않게 생각하게 해준다. 무엇보다도 〈스캄〉은 매 시즌을 진행할 때마다, 우리가 일상에서 자주 접하지만 손쉽게 모른 척하는 폭력과 소수자 문제를 명확하게 표면화한다. 〈스캄〉은 매 시즌마다 주인공이 바뀌고, 그 주인공을 둘러싼 사회적 문제를 다채롭게 제시한다. 첫 시즌은 여자 친구들 사이의 삼각관계를 둘러싼 왕따 문제를 젠더 차별의 이슈와 함께 풀어냈다면, 두 번째 시즌은 남녀 연애에서 발생하는 강간과 사이버폭력의 문제를 다루었고, 세 번째 시즌은 동성애의 문제, 네 번째 시즌에서는 인종과 종교에 따른 차별 문제를 다루고 있다. 왕따, 강간 피해자, 동성애자, 흑인 무슬림 등, 언론에서 자극적으로만 다루어지는 사건을 다루며 그 당사자의 삶으로 들어가서 그들의 삶이 공동체 안에서 공존할 수 있음을 보여주었다.

〈스캄 프랑스〉 또한 이러한 원작의 세계관을 그대로 이어받고 있다. 그러면서도 〈스캄 프랑스〉는 원작의 세계관을 더욱 확장하고 있다. 노르웨이 원작이 2017년에 시즌4를 끝으로 종영을 선언한 반면, 〈스캄 프랑스〉는 2018년 시작하여 2021년에 시즌8까지 방영하며 시리즈의 세계를 넓혀나가고 있다. 게다가 〈스캄 프랑스〉는 유럽권을 넘어 전 세계적으로 수출되면서 영향력을 확대하고 있다. 원작 〈스캄〉의 인기를 시즌3의 동성애 커플인 이삭과 에반이 이끌었듯이, 리메이크작 〈스캄 프랑스〉의 인기 또한 시즌3의 동성애 커플 뤼카와 엘리오트가 이끌었다.* 한국에서도 시즌3을 중심으로 〈스캄 프랑스〉에 대한 관심이 고조되었다. 특히 엘리오트 역의 막상스 다네-포벨은 연기자로 데뷔하기 전에 한국에서 일했던 인연으로 한국 팬들의 관심을 많이 받고 있다. 한국 OTT 플랫폼 티빙과 왓챠 그리고 웨이브에서 수입하여, 시즌6까지 감상할 수 있다.

다양한 소수자의 세계

〈스캄 프랑스〉는 원작과 마찬가지로 왕따, 강간 피해자, 게이, 흑인 무슬림과 같은 소수자나 폭력 피해자의 문제를 다루고 있다. 〈스캄 프랑스〉는 주류 사회가 정상이나 상식 또는 보편이라고 부르는 기준에 벗어난 이들을 다룬다는 원작 〈스캄〉의 세계관을 그대로 이어받으면서 작품의 시야를 더욱 확장한다. 시즌5에서는 청각 장애를 가지게 된 아르튀르의 이야기가 중심을 이루며, 장애를 가진 십대 청소년들의 생활과 욕망을 구체적으로 보여주고 있다. 시즌6에서는 마약중독자이자 양성애자인 롤라가 레즈비언 애인을 만나면서 자기 삶의 안정을 찾아가는 모습을 다룬다. 시즌7에서는 원치 않는 임신을 하게 된 티파니가 임신과 출산을 부정하고 회피하는 모습이 다루어지면서, 실패를 인정하지 않는 태도, 여성 신체의 주체성 등의 문제를 다루고 있다.

---

* Caroline Langlois, "Skam France: notre coup de coeur pour une saison 3 addictive", 2019.3.15.

소재만 보아서는 〈스캄 프랑스〉에 나타나는 인물들의 서사가 모두 자극적으로 다루어질 수 있다. 게이, 양성애자, 레즈비언, 장애인, 왕따, 마약중독자 등등이 나오는 하이틴드라마는, 세상 따위 필요 없어, 모든 것에 반항할 거야, 살아봤자 무슨 소용이야, 놀다 죽자, 이와 같이 뭔가 퇴폐적이고 반항적인 분위기를 풍길 것 같다. 우리가 사는 삶의 세계와는 전혀 다른 세계일 것만 같은 것이다. 실제로 한국 정서상 '청소년'이 주인공인데 위에 나오는 소재를 다룬다고 하면 방송심의조차 이루어지지 않을 것이다. 하지만 〈스캄 프랑스〉에는 놀랍게도 유머와 위트가 있으며, 이 모든 문제적 인물들이 등장하는데도 꽤나 일상적이다.

모두에게 문제가 있기 때문에, 아무에게도 문제가 없다. 이것이 〈스캄 프랑스〉의 기본적인 주제이다. 〈스캄 프랑스〉는 우리가 살아가는 동안 모두는 각자의 개별적인 문제에 부딪히고 그 문제 앞에서 나약해지지만, 그 문제가 바로 우리의 개성이자 우리가 공동체 안에서 함께할 수 있는 지점이라는 것을 끊임없이 보여준다.

시즌5에서 아르튀르는 아버지의 폭행과 이후 길거리에서 당한 우연한 폭행으로 청각을 잃게 된다. 보청기를 끼는 순간 장애인으로 분류된 아르튀르는 학교에서 장애인 친구들과 장애인에 대한 인식 개선 프로그램을 진행하라는 과제를 부여받는다. 학교라는 제도는 아르튀르를 도움을 받아야 하는 장애인, 사회적 차별을 받을 위험에 노출된 인간, 매력적이지 않은 남성으로 당연하게 분류한다. 그런데 아르튀르와 함께 모인 시각장애인, 하반신 장애인은 입을 모아 말한다. 자신들의 삶에서 필요한 것은 장애인을 인간적으로 존중하라는 윤리적인 요구가 아니라, 장애인도 다른 사람들과 마찬가지로 '욕망'을 가진 인간이라는 것을 이해받는 것이라고 말이다. 그들은 자신도 섹시한 존재이고 싶고, 그래서 또래 친구들과 연인이 되어 자연스럽게 사랑을 나누는 생활을 하고 싶다고 말한다. 이들의 소망을 짐작이라도 했던 것처럼 아르튀르의 여자 친구이자 양성애자 알렉스는 시각장애인 여자에게 매력을 느끼는 건지 아닌지 잘 모르겠다는 친구 바질에게 이렇게 말한다. "누군가를 사랑의 대상으로 선택하는 것도 사회화의 과정이야. 네가 헷갈리는 것은 우리가 장애인을 사랑하는 법을 몰라서 그래." 그들은 장애인이 충분히 매력적일 수 있음을 표현하며, 점점 장애인을 일상적인 욕망의 존재로 받아들인다.

시즌3은 뤼카가 게이로서의 자신의 정체성을 찾아나가는 과정이 중심이 된다. 그런데 이와 별도로 시즌3에서 중요하게 다루어지고 있는 것은 엘리오트가 조울증, 양극성 장애(bipolarité)를 앓고 있다는 것이다. 이제 막 사귀기 시작한 애인이 정신질환을 가지고 있다는 사실을 발견한 뤼카는 큰 고민에 빠진다. 정신질환을 앓고 있는 사람은 일상생활을 함께 영위하기가 힘들다는 편견 때문일 것이다. 그때 뤼카의 친구 바질이 말한다. "우리 엄마도 조울증이야." 뤼카의 심각함에 비교하면, 바질의 고백은 너무도 해맑다. 뤼카와 다른 친구들은 놀란다. 그렇게 심각한 문제를 어떻게 이렇게 쉽게 말하냐는 듯이. 바질은 엄마의 상태에 따라서 힘든 시기도 있지만, 대체로는 서로 잘 적응해서 맞춰가며 살아왔고, 큰 문제는 없었다고 한다. 이 순간 조울증의 문제 또한 드라마틱한 극적 사건이 되지 않고, 지극히 평범한 우리의 일상으로 자리매김한다.

나와 다른 모든 것을 특별한 것으로 취급하는 태도는 타자에 대한 존중의 태도가 아니다. 우리는 종종 나와 다른 정체성을 가진 사람은 매우 특별한 세계에 살 것이라 생각한다. 동성애자의 삶은 너무 자유분방하여 방탕할 것이라고 짐작하거나, 이슬람교도의 삶은 너무 보수적이어서 현대의 자유세계와 전혀 어울리지 않을 것이라고 예단한다. 그래서 〈스캄 프랑스〉에서도 무슬림인 이만에게 백인 다프네는 머리에 베일을 쓰고 술도 못 마시면 파티에 갈 수 없는 것 아니냐고 당연한 듯 묻는다. 심지어 동성애자 뤼카는 무슬림인 이만이 양성애자 알렉스와 연애 이야기를 하는 것이 종교적 신념에 위배되는 것이 아니냐고 묻는다. 혹은 양성애자 알렉스에게 양성애자는 동성애자와 달리 동성과 연애를 하면서도 이성과 연애를 하는 것처럼 쉽게 속일 수 있어서 좋겠다고 말한다. 모두 각자의 입장에서 다른 사람의 삶의 세계와 가치관을 전혀 이해하지 못하는 발언들을 쉽게 하는 것이다. 심지어 소수자라고 다른 소수자의 특수성을 잘 이해할 수 있는 것도 아니다. 모두 나와 다른 사람은 이상하고 특별한 세계에 속해서 우리의 보편, 상식, 주류의 세계에서는 이해할 수 없을 것이라고 생각한다. 그

때 이만은 말한다. 다른 친구의 연애 이야기를 들을 때, 그것이 너의 가치관과 어긋난다고 그 이야기를 안 들은 적이 있냐고. 네가 그렇지 않듯이, 나도 종교적 신념과 관계없이 친구들과 이야기를 나눌 수 있다고, 평가와 심판은 신이 하는 것이지 인간이 하는 것이 아니라고.

〈스캄 프랑스〉는 나와 다른 타자를 소수자라는 특별한 존재로 만들지 않는다. 모두는 각자의 개별성을 지니고 있기 때문에, 결국 우리 모두는 소수자이다. 이런 소수자를 개별적으로 고립시키지 않고 일상의 존재로 끌어올리는 일, 그들이 가진 욕망을 표면화하는 일, 〈스캄 프랑스〉는 이러한 방식으로 우리 모두가 함께하는 공동체의 가능성을 만들어간다. 배제와 차별을 넘어 공존의 생활 방식이 우리의 일상에서 어떻게 실재할 수 있는지를 경험적으로 보여준다.

너와 함께 있어

결국 이 공존의 핵심은 사랑이다. 가난하다고, 혹은 정신적으로 나약하다고, 아니면 공부를 못한다고, 외모가 멋지지 않다고, 그래서 너랑 나랑은 연애를 할 수 없다고 말하는 배타적인 태도는 사랑이 아니다. 우리 앞에 주어진 모든 경계를 넘어설 수 있는 힘이 바로 사랑이다. 물론 매우 낭만적으로 들리기는 하지만, 그럼에도 불구하고 사랑의 힘은 포용과 공존에서 온다. 장애인들도 일상적으로 누군가를 좋아하고, 데이트하며, 지속적인 관계를 맺을 수 있기를 바라는 것처럼, 흑인 무슬림도 종교에 상관없이 좋아하는 사람을 만날 수 있는 것처럼, 모두는 사랑을 할 수 있다.

〈스캄 프랑스〉에서는 소재를 통해서도 이런 사랑의 다양성을 표면화한다. 각 시즌의 주인공들이 소수자로 설정되는 만큼, 그들의 사랑의 방식 또한 우리가 일반적으로 생각하는 커플링의 방식을 넘어선다. 이 드라마를 세계적인 작품으로 만든 시즌3의 게이 커플은 물론이고, 청각장애인의 사랑, 레즈비언 커플 등이 등장한다. 무엇보다도 이 작품의 가치는 이들의 사랑을 정말로 있는 그대로 아름답게 표현했다는 점이다. 〈스캄 프랑스〉는 십대들을 위한 작품이고, 실제로 프랑스 텔레비전에서 방영할 때도 10세 이상은 모두 볼 수 있는 등급의 작품이었다. 그런데도 이 작품에는 커플들의 섹스신이 자주 그려진다. 이 섹스 장면은 이성애 커플에만 한정되지 않고, 게이 커플 그리고 레즈비언 커플의 섹스까지 다룬다. 동성애 커플들도 이성애 커플과 마찬가지로 육체적 끌림을 느끼고, 육체적 관계를 통해 서로 사랑하고 사랑받음을 확인한다. 그들의 섹스 장면은 너무나 당연하게 그려진다. 그 장면은 이성애 커플의 장면과 마찬가지로 열정적이고 아름답다.

이런 다양한 사랑의 모습이 아름다워지는 것은 바로 그 사랑이 단순한 매혹이나 열정 혹은 낭만에 대한 동경에 그치지 않았기 때문이다. 이들의 사랑은 십대들이 흔히 저지를 것이라 오해받는 불장난이 아니다. 자신이 사랑하는 소중한 존재에 대한 굳건한 지지가 이 작품에서 그리는 사랑의 본질이다. 이 작품 속 십대들은 자신의 정체성을 찾아나가는 과정에서 언제나 문제에 직면한다. 그것은 성정체성의 문제일 수도 있으며, 갑작스러운 장애나 왕따 문제같이 극적인 사건일 수도 있고, 정신적 문제, 고독의 문제 등등 내면적인 불안의 문제이기도 하다. 이러한 문제를 겪으면서 모든 인물은 나만 힘들다고 생각하며, 이러한 힘듦이 자신의 약점이 되어 친구들에게 받아들여지지 못할 것이라고 불안해하다가, 친구들에게 버림받지 않기 위해 자신의 문제를 드러내지 않으며, 스스로 고립을 자초한다. 이렇게 내면의 고민을 누구와도 나누지 못하고 점점 고립되어 가는 아이들을 세상과 연결시키고, 친구들과 함께하며 공동체 속에서 살아가게 하는 것은, 누군가가 전해주는 '지지(soutien)'의 힘이다.

내가 너와 함께 있어. 이 말을 통해 우리는 살아갈 힘을 얻는다. 물론 그러한 사랑의 방식이 서툴러서, 그리고 나의 입장에서만 생각해서, 상대를 오히려 더 힘들게 할 수도 있다. 시즌6에서 다프네가 롤라를 도와주려다가 오히려 롤라를 정신병원에 입원시켰듯이 말이다. 그럼에도 다프네는 흔들리는 롤라의 옆에서 내가 곁에 있다는 신뢰를 보여주었고, 그에 힘을 받은 롤라도 다프네가 흔들리는 시기에 다프네의 옆을 지킨다. 이러한 '함께 있음'은 단지 연애 관계를 통해서만 이루어지는 것이 아니라 다프네와 롤라처럼 자매 사이에도, 그리고 친구들 사이에도, 더 나아가 가족 사이에도 가능한 것이다.

이처럼 하이틴드라마에서 그리는 십대들의 세계는 충분히 넓어질 수 있으며, 그들의 사랑과 우정 또한 다양해질 수 있다. 그리고 무엇보다 계몽적이지 않더라도 사회적이고 윤리적일 수 있다. 우리의 성장이란 더 나은 친구를 사귀고, 더 나은 점수를 획득하며, 더 나은 사회적 위치를 차지하는 것이 아니다. 나의 성장은 혼자의 힘으로 이룰 수 없고, 나는 나만의 노력으로 살아갈 수 없다. 나의 옆에는 항상 내가 아닌 누군가가 필요하다. 그 누군가는 나보다 나이가 많거나, 가진 것이 많거나, 똑똑한 그런 사람이 아니다. 그저 나와 다르기 때문에 나의 고민을 나와는 다른 시각에서 읽어주는 사람, 내가 모르는 세계의 질서를 알려주는 사람이다. 그리고 내가 부족한 만큼 자신도 부족하다고 말할 수 있는 사람이다. 우리는 각자의 부족함으로 스스로의 아름다움을 만들어간다. 생존경쟁 사회에서 능력주의에 경도된 우리의 성장이 이런 다양한 성장의 가능성을 인정하면 좋겠다. 성장의 길이 하나가 아니라 모두 각자의 변화를 이루어가는 다채로운 길이었으면 좋겠다.

소녀 취향 성장기

초판 1쇄 발행 2024년 2월 28일

지은이 이주라
펴낸이 강수걸
편집 이혜정 강나래 오해은 이선화 이소영
디자인 권문경 조은비
펴낸곳 산지니
등록 2005년 2월 7일 제333-3370000251002005000001호
주소 부산시 해운대구 수영강변대로 140 BCC 626호
전화 051-504-7070 | 팩스 051-507-7543
홈페이지 www.sanzinibook.com
전자우편 sanzini@sanzinibook.com
블로그 sanzinibook.tistory.com

ISBN 979-11-6861-239-6 03300